天使禁猟区

第16巻

由貴香織里

目次

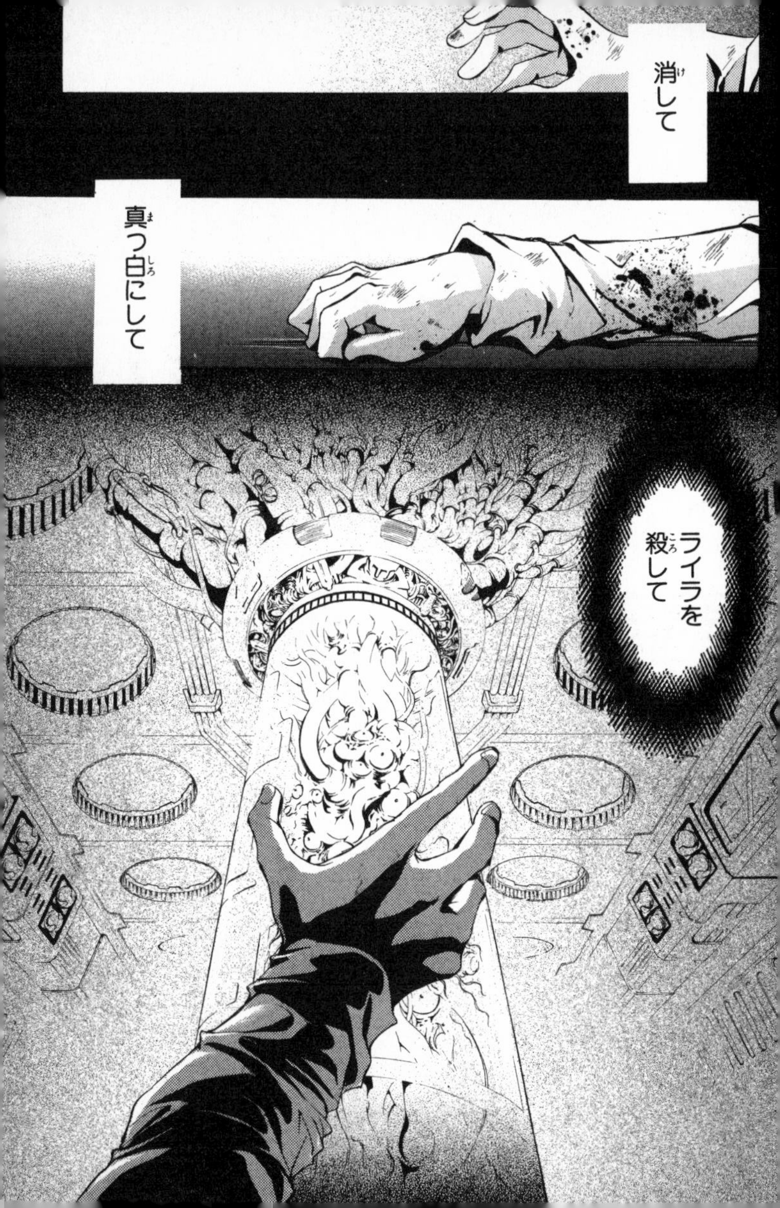
消《け》して
真《ま》っ白《しろ》にして
ライラを殺《ころ》して

天《てん》使《し》禁《きん》猟《りょう》区《く》
Angel Sanctuary
至《し》高《こう》天《てん》　創造界《ベリアー》編《へん》
ACT.3　白《シロ》ノ世界《セカイ》

ねぇ セヴィー
おてて つないで セヴィー
無垢《むく》なるメタトロン様《さま》　私《わたし》はもう歌《うた》えない
あの頃《ころ》の様《よう》に真《ま》っ白《しろ》な心《こころ》で天《てん》を称《たた》える事《こと》も出来《でき》ない
あの頃《ころ》の声《こえ》はもう失《うしな》われてしまった
歌《うた》を歌《うた》えない籠《かご》の鳥《とり》は
羽根《はね》をむしられ追放《ついほう》されるだけ

白《しろ》い世界《せかい》
…まさか…！
歪《ゆが》みもなく一点《いってん》の曇《くも》りもない
あんた…
セヴォフタルタ…か…!?
ただ真《ま》っ白《しろ》な世界《せかい》
その顔《かお》…その…
額《ひたい》のキズ…!!

その…頬《ほお》の烙印《らくいん》は…
天界《てんかい》における犯罪者《はんざいしゃ》の証《あかし》…か!?

これが…天界中《てんかいじゅう》が恐《おそ》れる支配者《しはいしゃ》の素顔《すがお》…!?
だが…あの額《ひたい》の逆十字《ぎゃくじゅうじ》のキズは…まさか…
まさか…!!
カチ
!
…あ…
声《こえ》が…声《こえ》が変《かわ》つた!?
ああぁっ…!!
これは…変声機《へんせいき》!? この声《こえ》は掠《かす》れてはいるけれど女《おんな》の声《こえ》…!
まさか… まさか本当《ほんとう》に…

あんた…
ライラ…？
その名《な》は
痛い物全てから
あるはずが
ない――
ライラ
額の傷なんて
ライラ君《きみ》は気にする事ないわ
よく顔を見せて
はぁっ
私の大切な
友達…
親友という仮面の下で
彼女を妬む心を
押し殺してきたんだろう
僕の為の子守歌
やめろ
その名《な》は
…

烙印《らくいん》を――
汚《けが》された女《おんな》には
背信《はいしん》の証《あかし》を!!
ライラ
ライラ 何故《なぜ》 僕《ぼく》を避《さ》ける?
僕《ぼく》が…
僕《ぼく》が君《きみ》を 好《す》きだと 言《い》ったから?
その女《おんな》は 消《け》した!!!
友達《ともだち》のアナエルの身《み》を 心配《しんぱい》する風《ふう》でいて 実《じつ》は 君《きみ》はいつもザフィケル様《さま》を 見《み》ている
君《きみ》はそれに 気付《きづ》くべきだ 目《め》を背《そむ》けては いけない
神《かみ》に背《そむ》く感情《かんじょう》で あろうとも天使達《てんしたち》の 気《き》持《も》ちは止《と》められ ないんだ
僕《ぼく》も… 君《きみ》への気《き》持《も》ちは 止《と》められない

やめて…!! 私《わたし》にとって大事《だいじ》なのはこの子《こ》…サンダルフォンだけよ
双子《ふたご》のメタトロン様《さま》には体《からだ》があっても力《ちから》はなく時折《ときおり》 サンダルフォンの脳波《のうは》を受《う》け取《と》るだけで片《かた》や この子《こ》には力《ちから》があっても体《からだ》がない
私《わたし》は…きっとこの肉《にく》と眼球《がんきゅう》の塊《かたまり》から完璧《かんぺき》な肉体《にくたい》とお力《ちから》を持《も》った御子《みこ》を創《つく》り出《だ》してみせるわ
——そして狂《くる》った魂《たましい》の——
新参者《しんざんもの》の私《わたし》がサンダルフォンの研究《けんきゅう》チームのチーフに…!?
ああ滞《とどこお》っていたこの研究《けんきゅう》も君《きみ》が来《き》て飛躍的《ひやくてき》に躍進《やくしん》した
怠慢《たいまん》な研究員《けんきゅういん》は人員削減《じんいんさくげん》の為《ため》切《き》り捨《す》てていく方針《ほうしん》だ
だから私《わたし》を乱《みだ》すのはやめて
私《わたし》の前《まえ》から消《き》えて——
お前《まえ》のせいだ!!
女《おんな》のくせに…エリート高官《こうかん》への道《みち》も お前《まえ》のせいでパアだ!!
元々《もともと》はこれは俺達《おれたち》の研究《けんきゅう》チームだったのに!!
やめ…
声《こえ》 出《だ》すんじゃねぇ!!
誰《だれ》か首《くび》を押《お》さえあげろ!

さあ 何《なん》とか
言《い》ってみろ
サンダルフォンに
子守歌《こもりうた》を唄《うた》ってやる
その声《こえ》で!!
お前達《まえたち》…!!
ライラを離《はな》せ!!!
お前達《まえたち》がクビに
なったのはエリート所員《しょいん》
だということを笠《かさ》に着《き》て
やりたい放題《ほうだい》をして
いい加減《かげん》な仕事《しごと》をした
ツケだろうが!!
自分達《じぶんたち》の無能《むのう》を
彼女《かのじょ》のせいに
するな!!
うるせえ
てめえも
殺《ころ》してやる!!

さっき警備員《けいびいん》を呼《よ》んだから まもなくお前《まえ》らを捕《つか》まえにやって来《く》る!!
さあ わかったら早《はや》くその汚《きたな》い手《て》を離《はな》すんだ!! このブタ野郎《やろう》!
「汚《きたな》いブタ野郎《やろう》」…?
そう…その通《とお》りね
では その薄汚《うすぎたな》いブタ達《たち》の手《て》に堕《お》ちた私《わたし》は何《なに》…?
例《たと》え 合意《ごうい》がなくとも禁《きん》を犯《おか》した女《おんな》は「魔王の妻《リリス》」の烙印《らくいん》を押《お》され 下層《かそう》に落《お》とされる運命《うんめい》——
ライラ…!!
声《こえ》が…喉《のど》を…喉《のど》を潰《つぶ》されたのか 何《なん》て事《こと》を!!
ライラ…こんな事《こと》ならば君《きみ》に避《さ》けられ様《よう》とも側《そば》を離《はな》れるのではなかった…!
そうだ…ライラ!! 人知《ひとし》れぬ地《ち》にこのまま2人《り》で逃《に》げよう!
本当《ほんとう》に私《わたし》を汚《けが》したのは乱《みだ》したのは
力強《ちからづよ》い腕《うで》…荒《あら》い息使《いきづか》い
土足《どそく》でズカズカと入《はい》り込《こ》んだのは
君《きみ》をこれ以上《いじょう》 悲惨《ひさん》な目《め》に遭《あ》わせるわけにはいかない…

この男《おとこ》――
だから
あなたも
消《き》えて
ラ…
イラ…?
こっ…
これは
一体《いったい》…!?

この男《おとこ》
この男《おとこ》が 私《わたし》を汚《けが》したのよ
ライラ…
おい!! 待《ま》て! そんな体《からだ》で…
待《ま》て!!
待《ま》てないわ
はあ はあ
そうだ…
あの男《おとこ》もいつか 消《け》さなくては いけない あの悪魔《あくま》の 様《よう》な男《おとこ》
私《わたし》の心《こころ》を犯《おか》す 汚《けが》れた者達《ものたち》を 全《すべ》て消《け》すのよ

お前《まえ》が本当《ほんとう》に全能《ぜんのう》の
力《ちから》を持《も》つのなら
私《わたし》を助《たす》けて…
世界《せかい》を綺麗《きれい》にするために
だから一番《いちばん》
汚《きたな》い物《もの》も
消《け》さなくちゃ
…だから私《わたし》も
消《け》さなくちゃね
いいよ ライラ
ライラをこの世《よ》から
消《け》してあげる

あの男《おとこ》が
処刑《しょけい》されても
何《なに》も感《かん》じない
早《はや》く早《はや》く
あの夜《よる》を知《し》る者《もの》は
この世《よ》から消《き》え
去《さ》れればいい
聖《せい》なる炎《ほのお》よ
汚《けが》れた女《おんな》の印《しるし》を
この身《み》に焼《や》き
つけるがいい
この世《よ》で最《もっと》も
醜《みにく》い女《おんな》に相応《ふさわ》しい
畜生《ちくしょう》の証《あかし》を——
ぎゃあああああ
私《わたし》は生《う》まれ
変《かわ》るのだから
そうだ
ライラは消《き》えた!!!

ライラなんて汚《けが》れた女《おんな》はこの世《よ》にはいない…私《わたし》はライラなんかじゃない…！
あの女《おんな》を知《し》る者《もの》もあの女《おんな》を乱《みだ》す者《もの》も何《なに》もかもこの世《よ》から消滅《しょうめつ》したのだから…
消《き》えねぇよ
消《け》したつもりでも必《かなら》ず残《のこ》る何《なに》かがある愛《あい》も憎《にく》しみも人《ひと》の心《こころ》に残《のこ》り生《い》きてる者《もの》を苦《くる》しめたり救《すく》ったりするんだ
人《ひと》の思《おも》いだけは決《けっ》して…消《き》えたりはしねぇんだよ

あんたがどうしてそんな姿《すがた》をして独裁者《どくさいしゃ》を演《えん》じてるのか…わからねえ…けど
星幽界《ヘイディーズ》にいた亡者《グール》の魂《たましい》はあんたが告発《こくはつ》した中《なか》の無実《むじつ》の男《おとこ》の物《もの》だった…!
以前《いぜん》あんたが拾《ひろ》った俺《おれ》のピアスの中身《なかみ》は彼《かれ》のモンだ
でも…奴《やつ》はあんたを恨《うら》んでねえって言《い》ってた
「もう あんたには苦《くる》しんでほしくない」「今《いま》も変《かわ》らずあんたの心《こころ》の平安《へいあん》を願《ねが》っている」って…!
昔《むかし》のあんたは確《たし》かに彼《かれ》を愛《あい》していたし彼《かれ》は変《かわ》らず今《いま》も愛《あい》しているって…!
…ばかな…!!
ばかな事《こと》を…!!!
自分《じぶん》を死刑《しけい》にした女《おんな》を…恨《うら》んでいない…と?
この…私《わたし》が…あの男《おとこ》を愛《あい》していただと…!?

ゆら、
白《しろ》い制服《せいふく》…!!!
でも
この感《かん》じは…!!!
あの時《とき》の

お前《まえ》・・・
僕《ぼく》キライ
!

うわぁ!!
!
紗羅《さら》!!

紗《さ》羅《ら》——っ!!!
うっ!!

パア!

確《たし》か…あいつは
癒《いや》しの天使《てんし》…
ラファエル!!

待《ま》…待《ま》て!!
紗羅《さら》を…何処《どこ》へ連《つ》れて行《い》くつもりだ!!
救世使《きゅうせいし》…だな 破壊神《ミカちゃん》と来《き》てくれたおかげで この通《とお》り裁判《さいばん》はめちゃくちゃだ
もう少《すこ》しでセヴィーを完璧《かんぺき》に落《お》とせるかもだったのにな
全国《ぜんこく》の天使《てんし》にはアピール出来《でき》たかも知《し》れんが無効裁判《むこうさいばん》に殴《なぐ》り込《こ》んでのウリエルの告発《こくはつ》もまた法的《ほうてき》には無効《むこう》に近《ちか》い
ほとぼりが冷《さ》めて彼女《かのじょ》の身《み》の安全《あんぜん》がわかるまで隠《かく》れるしかないだろう
てめぇ…!
それは俺《おれ》の役目《やくめ》で紗羅《さら》は俺《おれ》の女《おんな》だ!!
俺《おれ》が小《ちい》さい頃《ころ》から紗羅《さら》をずっと守《まも》って来《き》た!!!

ずっとずっと一緒《いっしょ》にいて…あいつの喜《よろこ》びも悲《かな》しみも2人《り》で乗《の》り越《こ》えて生《い》きてきたんだ!!
紗羅《さら》が愛《あい》しているのは俺《おれ》だけなんだ!
…今は…
…だろ?
これからは彼女《かのじょ》は俺《おれ》が守《まも》る
待《ま》て!! このキザ男《おとこ》!! 許《ゆる》さねぇぞ 紗羅《さら》を返《かえ》せ――!!
くそったれ――っ!!

何《なに》やってんだよ お前《まえ》!! せっかく 俺様《おれさま》が親切《しんせつ》にも 裁判所《さいばんしょ》まで送《おく》り 届《とど》けてやったってのに
ラファエルにあの女《おんな》 持《も》ってかれちまったの かよ───っ!
君《きみ》の「送《おく》り届《とど》ける」という のは目的地《もくてきち》を破壊《はかい》する という意味《いみ》なのか?

ウリエル…!!
おうっ…
めっちゃくちゃ久《ひさ》しぶりじゃねーか
腰抜《こしぬ》けが二度《にど》と帰《かえ》らねぇんじゃねぇかと思《おも》ったぜ
てめーは俺のそばに立つんじゃねぇよ
…やってくれたな
君《きみ》も相変《あいかわ》らずのトラブルメーカーだ
だがゆっくり嫌味《いやみ》の言《い》い合《あ》いをしている
ヒマはない様《よう》だぞ
全員《ぜんいん》その場《ば》から動《うご》くな!!
この裁判《さいばん》に関《かか》った者《もの》全《すべ》ての身柄《みがら》を一時《いちじ》拘束《こうそく》する!
この騒《さわ》ぎの首謀者《しゅぼうしゃ》を捜《さが》し出《だ》せ!
ケガ人《にん》はすぐ収容《しゅうよう》する!!

16巻です。えーと本誌で御覧の方はすでにお聞き及んでらっしゃるでしょーが。天禁ついにOVA化決定です。は――。CDの続きの企画に代わってこんなプロジェクトが進行して、たわけです。お手紙に「OVA化おめでとう!でもアニメ化はしないのですか?」と、ありましたが…OVAとはオ《O》リジナル・ビ《V》デオ・ア《A》ニメの事ですよ。(それともTVアニメにしてほしいというイミか?内容的にそれはムリなんじゃ…)なんでしょっぱなからこんな事書いてるかっつーと、もーっ、たった今が大変なんです～‼ 作るのは私じゃなくてもチェックしたりCM絵とか(ビデオのジャケットとか)それに関連するもんでやるのは私なんですもの(あたり前だが。)やった事のないジャンルのお仕事は、やっぱ右も左もわかりません。でも来春発売予定です。全3巻。

直《ただ》ちに 今《いま》から述《の》べる者達《ものたち》を みつけ出《だ》し逮捕《たいほ》せよ
セヴォフタルタの声《こえ》…!?
水《みず》の天使《てんし》 被告人《ひこくにん》「ジブリール」と 風《かぜ》の天使《てんし》「ラファエル」
そして土《つち》の天使《てんし》「ウリエル」!
げっ!!
もおバレてる
そして無断《むだん》でメルカバで 侵入《しんにゅう》してきた火《ひ》の天使《てんし》「ミカエル」と
堕天使《だてんし》アレクシエルの 魂《なましい》を持《も》つ救世使《きゅうせいし》 無道刹那《むどうせつな》を!!
必《かなら》ず捕《とら》えよ!

お前《まえ》ら乗《の》るんなら急《いそ》げ!!
女《おんな》の事《こと》は後《あと》だァ!
何故《なぜ》…!?
何故《なぜ》あの時《とき》手《て》が届《とど》かなかったんだ…!!
迎《むか》えに来《き》たのに…約束《やくそく》通《どお》りお前《まえ》を助《たす》けに…!!
紗羅《さら》!!

必《かなら》ず捕《つか》まえろ…宰相《さいしょう》の命令《めいれい》だ！
ガチャーン
やっと捕《つか》まえたよ…ライラ
やっと…僕《ぼく》の物《もの》だね

僕《ぼく》だけの……
眠《ねむ》り姫《ひめ》――
…ん…

気《き》がついた…?
紗羅《さら》ちゃん…
ラフィー…君《くん》…? 刹那《せつな》の…
刹那《せつな》の声《こえ》が聞《き》えた様《よう》な気《き》が…
そうだ…裁判《さいばん》は…裁判《さいばん》はどうなったの!?
あたし…気《き》を失《うしな》って…!!
終《お》わったよ―― ・・・・テロリストの乱入《らんにゅう》で裁判所《さいばんしょ》は大混乱《だいこんらん》
俺《おれ》は君《きみ》を攫《さら》って逃走中《とうそうちゅう》さ
ラフィー君《くん》…!
…そうそう 君《きみ》に見《み》せたい物《もの》がある
ピッ

見《み》ろよ
綺麗《きれい》だろ？
俺《おれ》の眠《ねむ》り姫《ひめ》

天《てん》使《し》禁《きん》猟《りょう》区《く》
Angel Sanctuary

ほら あれが
俺《おれ》の眠《ねむ》り姫《ひめ》——
綺《き》麗《れい》だろ?
あ…!!

あたしの…
無道紗羅《あたし》の体《からだ》だ!!
ラフィー君《くん》…これ…!
!
黙《だま》って
目《め》を閉《と》じて

ぱあ
!

ドオ
……

あたしだ…!!
あたし…元《もと》の体《からだ》…生《い》き返《かえ》って…!!
初《はじ》めまして…だな紗羅《さら》ちゃん
会《あ》いたかったよ

安心《あんしん》していいぜ どんな検査《けんさ》しても
そんな貧弱《ひんじゃく》なガキくさい体《からだ》に興味《きょうみ》なんてわかなかったから
なっ…!!
!
何《なに》よそれ 信《しん》じらんないっ!!
よく考《かんが》えたら あっ…あたしの体《からだ》…はっ…はだかぢゃん!!
それにっ… それに…!
ひー
それに…
私《わたし》の体《からだ》… 調《しら》べて…!
あんな… あんな…!!!

まあ、そんなこんなで体をあちこち壊してます。目もかなり疲れててヤバイ…。何年ぶりかでアレルギー出て体中ジンマシン出て苦しんだり（1日だけだが）大阪のサマーフェスタのサイン会の時に顔を赤く腫れさせて「なぐられたみたいな顔だ…」と担当に言わしめた化粧かぶれとか…完全にガタが来てしまっている。それに1歩も外へ出られない様な日が続きノルマノルマの日々なんてちょっと…かなりノイローゼ。あそび行きて――っ!! 買いモンしたーいっ!! 1日中ボケ――――っとして――っ!!…
時々、食べ物もソコをついてると、出て買い物に行こーにもコンビニしか開いてない時間帯…。1日誰とも口きかないとなんか…なんか…死んだろか、思いますよハハハ…。もっと余裕もって仕事こなせないもんかね、ワレェ。
くらい――――っ人生が。

嘘《うそ》だよ…
検査《けんさ》なんてしてない
君《きみ》の服《ふく》を脱《ぬ》がしたのは
部下《ぶか》の女《おんな》の子《こ》だし
あの映像《ホログラム》は
セヴィーに実証《じっしょう》を
求《もと》められて作《つく》った
ヤラセだ
あの胎児《たいじ》は君《きみ》と
救世使《きゅうせいし》の子供《こども》
なんかじゃない
ニセモノだ
剎那《せつな》の子供《こども》なんか
出来《でき》てない…？
あれは…
あの死《し》んでしまった
子《こ》は
剎那《せつな》と私《わたし》の子供《こども》じゃ
なかつた…
2人《り》の子供《こども》なんて
いなかつたんだ…
…なんだか…
…
ありがとう
ラフィー君《くん》…！

どんなに感謝《かんしゃ》しても
語《かた》りつくせない
あたし…あの時《とき》
…ラフィー君《くん》に
薬《くすり》を飲《の》まされたんだって
知《し》って…映像《えいぞう》での
ラフィー君《くん》を見《み》た時《とき》…
この世《よ》でたった一人《ひとり》ぼっち
なんだって…そう思《おも》ってた
…
そう…！
でも仕方《しかた》ない事《こと》だとも
思《おも》ってたわ あまりに
セヴォフタルタの力《ちから》は
絶対《ぜったい》で…逆《さか》らえば
ラフィー君《くん》の立場《たちば》が
危《あぶ》ない事《こと》は想像《そうぞう》ついた
…なのに…
なのに…ラフィー君《くん》
…来《き》てくれた…！
私《わたし》のために…
セヴィーに追《お》われる
身《み》になってまで…！
そして 今《いま》 また
私《わたし》を元《もと》の体《からだ》に
戻《もど》してくれた
…!!
…
あたし…
あたし…!!

俺《おれ》はただ君《きみ》にキス一《ひと》つの貸《か》しがあったの思《おも》い出《だ》して慌《あわ》ててもらいに帰《かえ》っただけだよ
ラフィー君《くん》…
ほら いくら君《きみ》でもそんなカッコでひっつかれたら 俺《おれ》変《へん》な気《き》起《お》こすぜ
もう！
すぐそーゆー事《こと》ゆーんだから！
おっと！
何《なん》だよ これ壊《こわ》れてるじゃん
こんな安物《やすもの》外《はず》してさもっといい物《もの》プレゼントしてあげようか
！
ダッダメ!!
この指輪《ゆびわ》だけはっ…！

あ…
ご…ごめんなさい…
これは…刹那《せつな》が初《はじ》めてくれた
……
…そうだ！ねぇ
私《わたし》裁判所《さいばんしょ》で気《き》を失《うしな》ってる間《あいだ》確《たし》かに刹那《せつな》の声《こえ》を聴《き》いたの！
ねぇ…ラフィー君《くん》刹那《せつな》もしかしたら私《わたし》を助《たす》けに来《こ》なかった？
…いや…来《こ》なかったよ
救世使《きゅうせいし》なんてね…！

…そう…
気《き》のせい…か…
刹那《せつな》…あの時《とき》 別《わか》れたつきり
…！
でも刹那《せつな》はきつと
いつか来《き》てくれる…
私《わたし》はその日《ひ》を信《しん》じてる
…！
「これからは彼女《かのじょ》は
俺《おれ》が守《まも》る」
彼女《かのじょ》の身《み》の安全《あんぜん》が
わかるまで彼女《かのじょ》は
俺《おれ》が守《まも》る
—この俺《おれ》が
ちくしょう…
あの野郎《やろう》…!!
許《ゆる》さねえ

風《かぜ》の天使《てんし》ラファエル……!!!
どうなってんだよ これは…!
…何《なん》とも言《い》えんな …今《いま》 手術《しゅじゅつ》した 義眼《ぎがん》はともかく… 救世使《きゅうせいし》のあの 捥《も》がれた片羽《かたはね》は
一度《いちど》失《うしな》った天使《てんし》の羽《はね》は 元《もと》へは戻《もど》らない 片羽《かたはね》さえあれば繋《つな》ぎ 合《あ》わせる事《こと》も出来《でき》ようが …!
大分《だいぶ》 体力《たいりょく》が低下《ていか》して いましたのでしばらくは 残《のこ》った片羽《かたはね》もアストラル波《は》に 戻《もど》し 安静《あんせい》にしていただく しかありません…
俺《おれ》は救世使《きゅうせいし》の心配《しんぱい》 してんじゃない!!
これはどーゆー事《こと》かって 聞《き》いてんだ ウリエルよぉ
おお

お前《まえ》が付《つ》いて来《こ》いってゆーから来《き》てやったらどーだよ!?
この武装《ぶそう》した怪《あや》しげな連中《れんちゅう》は叛乱組織《はんらんそしき》のゲリラじゃねーのか?
その通《とお》りだ
私《わたし》は亡《な》きザフィケルの遺志《いし》を継《つ》ぎ 白《しろ》い政界《せいかい》の打倒《だとう》を目差《めざ》し 地下組織《ちかそしき》「世界の魂《アニマ・ムンディ》」に協力《きょうりょく》している
予定《よてい》では 私の合図で待機《たいき》していた組織の者《もの》があの後《あと》 裁《さば》きの城《しろ》を占拠《せんきょ》し セヴォフタルタを人質《ひとじち》にとる手筈《てはず》だったのだが…珍客《ちんきゃく》の乱入《らんにゅう》であの通《とお》り計画《けいかく》は丸潰《まるつぶ》れだ
悪《わる》かったな!! 文句《もんく》は行《い》きたがった救世使《あいつ》に言《い》え!
もちろん これは私自身《わたしじしん》の意志《いし》でしている事《こと》だ いつまでも逃《に》げていてはいけないとアレクに…
救世使《きゅうせいし》に教《おそ》わったのでね
君《きみ》もだろ? ミカエル
…
けっ!

直《じき》に包帯《ほうたい》も取《と》れると思《おも》うがしばらくは体《からだ》を休《やす》めた方《ほう》がいい…アレク
そうかウリエルは…ザフィケルとダチだったもんな
また 世話《せわ》になったみてえだなラジエル
いいえ…あの後《あと》窖《アナグラ》が壊滅《かいめつ》した知《し》らせを聞《き》き心配《しんぱい》しておりました
ウリエルは…いつから 声《こえ》が出《で》る様《よう》になったんだ？
声帯《せいたい》を傷《きず》つけたって言《い》ってたのに…
君《きみ》のおかげでいろいろとふっきれたのでね…
文明《ぶんめい》の利器《りき》に頼《たよ》る事《こと》にしたよ
ほらこれだ喉《のど》の僅《わず》かな振動《しんどう》を感知《かんち》して以前《いぜん》と変《か》わらぬ声《こえ》を再現《さいげん》してくれている
数値《すうち》を調整《ちょうせい》すればどんな声《こえ》でも自由自在《じゆうじざい》だが
！

あの裁判《さいばん》が放送《ほうそう》されて押《お》さえつけられていた民衆《みんしゅう》が心《こころ》を一《ひと》つにしています
世論《よろん》を味方《みかた》につけた今《いま》セヴォフタルタを討《う》ち取《と》るこの絶好《ぜっこう》のチャンスを逃《に》がす手《て》はありません
我々《われわれ》は創造界《べリアー》第《だい》6天《てん》「ゼブル」の白《しろ》の館《やかた》に侵入《しんにゅう》し大熾天使付宰相《だいしてんしづきさいしょう》セヴォフタルタを拘束《こうそく》…又《また》は討《う》ち取《と》ります！
救世使《きゅうせいし》並《なら》びに御前天使《ごぜんてんし》ミカエル様《さま》
御賛同願《ごさんどうねが》えない場合《ばあい》は恐《おそ》れながら今《いま》この場《ば》で拘束《こうそく》させていただきます
ラジエル…！
けっ…
お前《まえ》らが束《たば》になったって怖《こわ》くも何《なん》ともねーけど俺《おれ》は静観《せいかん》させてもらうぜ
俺《おれ》の真《しん》の敵《てき》は悪魔軍《あくまぐん》だけなんでね！

承知《しょうち》しました
では出動《しゅつどう》！
——俺《おれ》は…
俺《おれ》はラファエルの野郎《やろう》に連《つ》れ去《さ》られた紗羅《さら》を一刻《いっこく》も早《はや》く取《と》り返《かえ》してあいつをぶん殴《なぐ》ってやりてえが…
身《み》を隠《かく》す以上《いじょう》…あいつだってそう簡単《かんたん》にみつかるよーなマネはしないだろうし…!!
何《なに》を考《かんが》えている？これからは彼《かれ》らの管轄《かんかつ》だぞ
…!!
待《ま》て！
わかってはいる…
…けど！
待《ま》ってくれ…！
あれが…
あれが本当《ほんとう》にライラの変《か》わり果《は》てた姿《すがた》だったのか…
確《たし》かめなきゃならない…!!!
俺《おれ》もセヴォフタルタの所《ところ》へ行《い》く…!!

一体《いったい》 あのニドヘッグの事件《じけん》の後《あと》 彼女《かのじょ》に何《なに》が起《お》きたというんだ――!?
俺《おれ》も連《つ》れて行《い》ってくれ…!!
あれを奇跡《きせき》と呼《よ》ぶのならば――
突然《とつぜん》いなくなったと思《おも》って大変《たいへん》だったのに…
いつの間《ま》にかこんな所《ところ》で眠《ねむ》ってらっしゃったなんて…!

見付《みつ》かったのはいいけれどメタトロン様《さま》…全然《ぜんぜん》 起《お》きようともなさらない…
やっぱり…私《わたし》がセヴォフタルタ様《さま》から飲《の》ませる様《よう》に言《い》われていたこの薬《くすり》…
嫌《いや》がっておられたとはいえ…やはりムリにでも飲《の》ませるべきだったのかしら…
ガターン
…え…？
何《なに》…？

…何故《なぜ》…
私《わたし》は…ここに…？
いつの間《ま》に
戻《もど》って…!?
あ…
セヴォフタルタ様《さま》…？
…で…でも…
あの薬《くすり》はっ
…!!

貴《き》…貴様《きさま》
メタトロン様《さま》に薬《くすり》を飲《の》ませなかったというのか!?
ばかな!!
あれ程《ほど》 申《もう》したのに
何《なん》という事《こと》を…
何《なに》て事《こと》をしてくれた!!
お許《ゆる》し下《くだ》さい
お許《ゆる》し…
ああっ…!!
あいつが…
あいつが起《お》きてしまったら…

あいつって
僕《ぼく》？
ねえライラ
君《きみ》が刺《さ》した針《はり》が
痛《いた》いんだ
ピチョン、
顔《かお》が痛《いた》くて
たまらない…
ねえ 針《はり》を
抜《ぬ》いてよ

ねえ
ライラ
きゃあああああ

ははは!
ごめんよ ライラ!!
あーははははは
針《はり》なんて 僕《ぼく》が 目覚《めざ》めた時《とき》に みんな取《と》って しまったよ!!
この 霊巫女《シスター》の おかげで少《すこ》しずつ 僕《ぼく》は表《おもて》に出《で》る事《こと》が 出来《でき》たんでね!
彼女《かのじょ》の隠《かく》した あの薬《くすり》こそ 君《きみ》が僕《ぼく》を メタトロン の中《なか》から 出《で》て来《く》るのを 押《お》さえる為《ため》の 物《もの》だったん だからね
メタトロンと違《ちが》い 実体《じったい》を持《も》てなかった僕《ぼく》 サンダルフォンは彼《かれ》の 意識《いしき》を介《かい》してしか この世界《せかい》に接触《せっしょく》 出来《でき》ない…
君《きみ》に実体《じったい》を 封印《ふういん》されてしまった 僕《ぼく》にはね
だから僕《ぼく》は 夢《ゆめ》を通《とお》して 少《すこ》しずつ メタトロンに 語《かた》りかけるしか なかったんだよ
あの時《とき》 君《きみ》の願《ねが》いを 叶《かな》えてあげたのは 僕《ぼく》だったのに… ひどいよライラ

ライラを
消《け》して
この世《よ》から醜《みにく》い物《もの》全部《ぜんぶ》——!!
いいよ　ライラ
ライラ…
僕《ぼく》のために子守歌《こもりうた》を
歌《うた》ってくれた
優《やさ》しいライラ
君《きみ》の願《ねが》いを
きいてあげる
君《きみ》に望《のぞ》みの力《ちから》を
あげよう
もう誰《だれ》にも
属《ぞく》することのない
偉大《いだい》な力《ちから》——
君《きみ》は自《みずか》らの存在《そんざい》を
消《け》して完全《かんぜん》なる
別人《べつじん》になり
過去《かこ》を葬《ほうむ》るために
自分《じぶん》の体《からだ》の骨格《こっかく》を
薬《くすり》で男性《だんせい》の様《よう》に
変《か》え完璧《かんぺき》なまでの
独裁者《どくさいしゃ》へと
変貌《へんぼう》していったー

なのに君《きみ》は全《すべ》てを手《て》に入《い》れると僕《ぼく》の力《ちから》が恐《おそ》しくなった
みんながメタトロンはセヴォフタルタの傀儡《かいらい》だと思《おも》っていたが
真実《しんじつ》はセヴォフタルタこそがメタトロン《サンダルフォン》の傀儡《かいらい》だったのだから!!!
だから君《きみ》は第七《だいなな》の封印《ふういん》をもって揺《ゆ》り籠《かご》に僕《ぼく》を閉《と》じ込《こ》め
僕《ぼく》が与《あた》えた力《ちから》でもって僕《ぼく》の体《からだ》に幾《いく》つもの封《ふう》じ針《ばり》を打《う》った
違《ちが》う…私《わたし》が本当《ほんとう》に恐《おそ》しかったのは…
お前《まえ》を封印《ふういん》したのは…お前《まえ》が…!!
この私《わたし》を利用《りよう》しているだけ…
あの男達《おとこたち》と同《おな》じだと知《し》ったからだ!!

ふふっ
君《きみ》 誤解《ごかい》してるよ ライラ
メタトロン様《さま》っ…!?
何《なに》をっ…？
…だってアレは 僕《ぼく》と同《おな》じ遺伝子《いでんし》を 持《も》っていないとダメだし
かといってこの体《からだ》でも メタトロンの今《いま》の体《からだ》でも 意味《いみ》ないんだもん
だったら自分《じぶん》で 創《つく》るしかないでしょ？
ひいっ!!

…ふふ…
そう…
丁度《ちょうど》 こんな カンジだよね

彼《かれ》の肉体《にくたい》の合成《ごうせい》組織《そしき》は みーんな使《つか》っちゃったけど 大丈夫《だいじょうぶ》 メタトロンは元《もと》に戻《もど》るよ
でも この偽《いつわ》りの体《からだ》じゃ数時間《すうじかん》しかもたないから
急《いそ》がなくちゃねぇ
ライラ
…な……
何《なに》を……!!
やだなぁ何《なに》言《い》ってんの!!
子供《こども》を創《つく》るんだよ僕《ぼく》がもうメタトロンの体《からだ》を通《とお》さなくても生《い》きていける僕専用《ぼくせんよう》の体《からだ》!
僕《ぼく》の血《ち》を引《ひ》いた魂《たましい》のない器《うつわ》が欲《ほ》しいんだよ
僕《ぼく》を産《う》むのは君《きみ》でなくちゃあ!

僕《ぼく》はあの男達《おとこたち》とは違《ちが》うよ
僕《ぼく》は僕《ぼく》なりに
君《きみ》を愛《あい》しているんだよライラ

天《てん》使《し》禁《きん》猟《りょう》区《く》
Angel Sanctuary

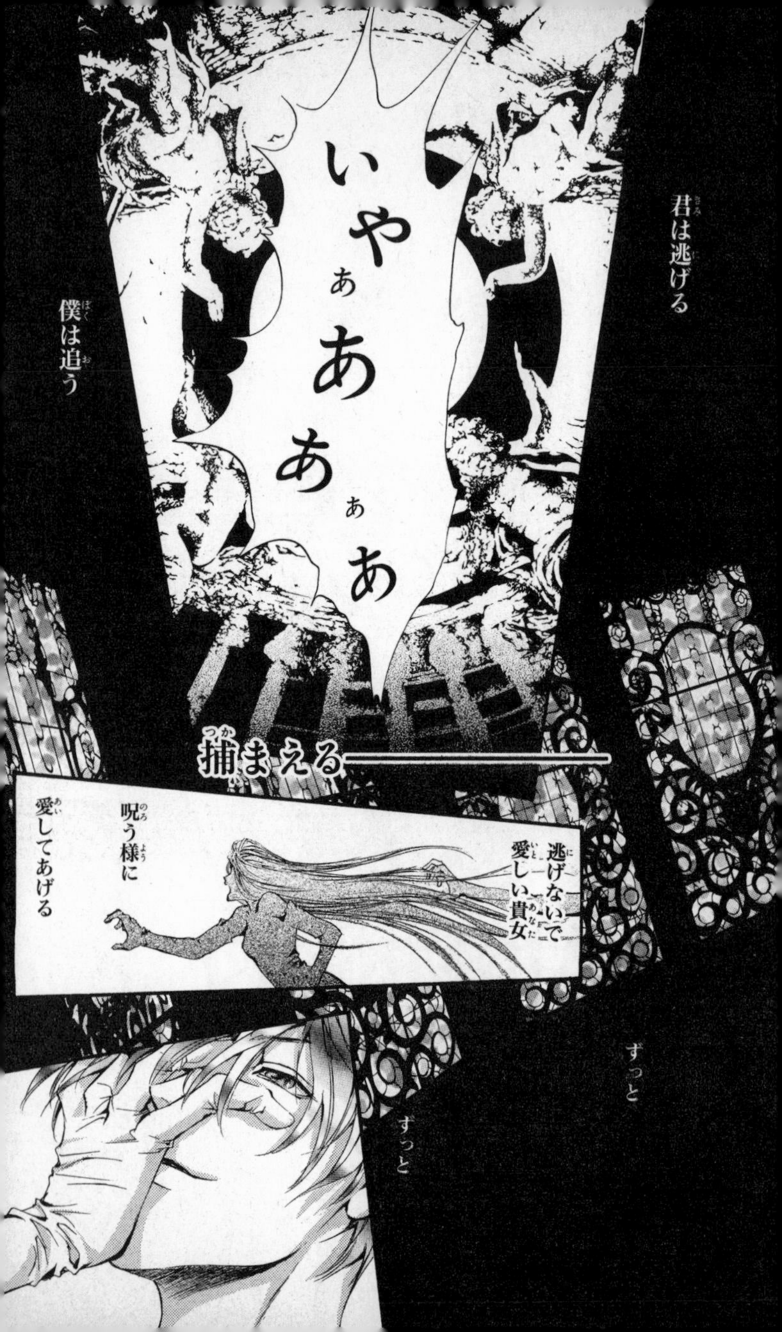
君《きみ》は逃《に》げる
僕《ぼく》は追《お》う
いやぁああぁあ
捕《つか》まえる——
逃《に》げないで
愛《いと》しい貴女《あなた》
呪《のろ》う様《よう》に
愛《あい》してあげる
ずっと
ずっと

この体中《からだじゅう》の眼《め》で見《み》詰《つ》めていてあげるから
――ハレルヤ――

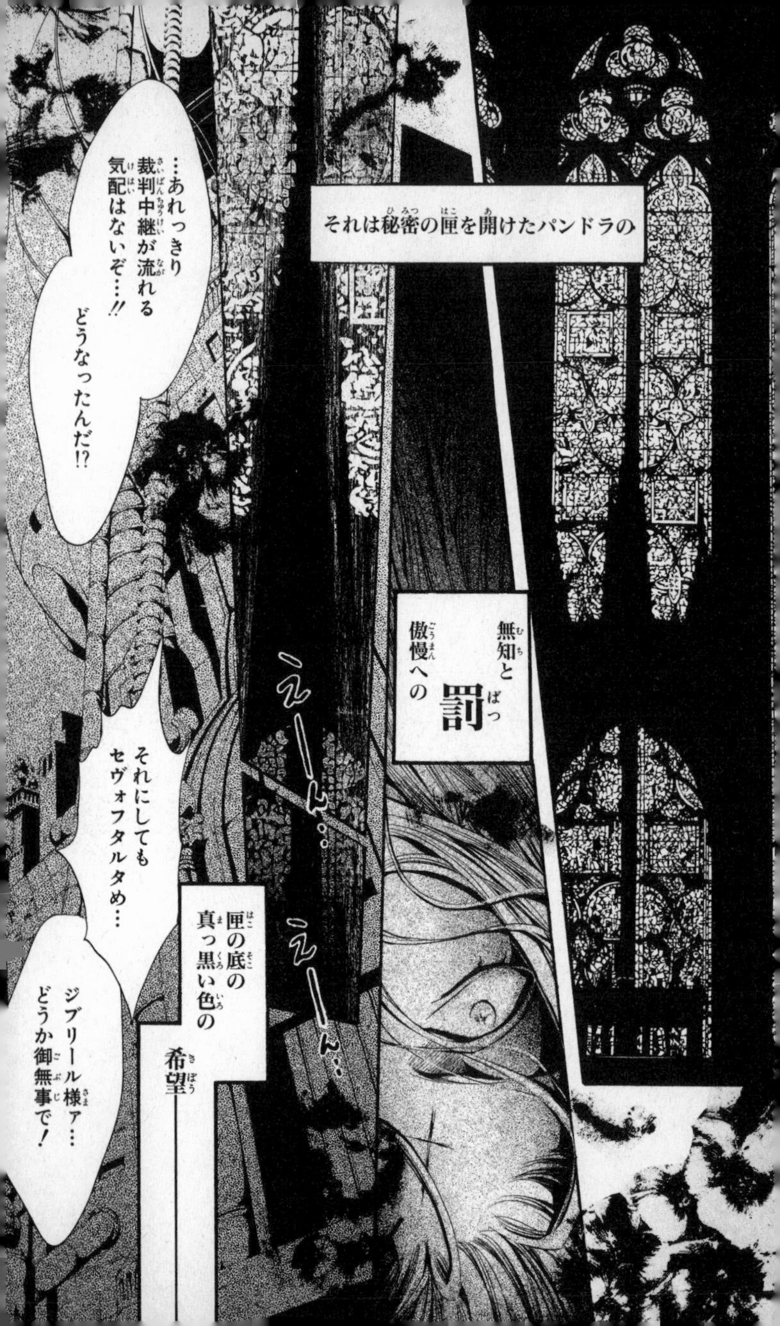
それは秘密《ひみつ》の匣《はこ》を開《あ》けたパンドラの
無知《むち》と傲慢《ごうまん》への罰《ばつ》
えーーん…
えーーん…
匣《はこ》の底《そこ》の真《ま》っ黒《くろ》い色《いろ》の希望《きぼう》——
…あれっきり裁判中継《さいばんちゅうけい》が流《なが》れる気配《けはい》はないぞ…!!
どうなったんだ!?
それにしてもセヴォフタルタめ…
ジブリール様《さま》ァ…どうか御無事《ごぶじ》で!

ラファエル様《さま》やこの天界《てんかい》を憂《うれ》い姿《すがた》を消《け》していたウリエル様《さま》でさえ戻《もど》って下《くだ》さったのだぞ!!
今《いま》こそ決起《けっき》する時《とき》ではないか!!
あれは…
そこで…
誰《だれ》だ…? そこにいるのは…
何《なに》をしてい…る…?
動《うご》けるの…ならば…我《われ》を助《たす》けよ…
崖《がけ》の上《うえ》に…我《わ》が…我《わ》が部隊《ぶたい》…が…!!
おっ…!! お前《まえ》…
何故《なぜ》…
顔《かお》が…

何故《なぜ》 顔《かお》がない!?
ああっ!!
ガバッ
また… 例《れい》の夢《ゆめ》か…!!
ちゃんと 我《われ》の顔《かお》は この様《よう》についている それに我《われ》にああ言《い》つた男《おとこ》は まぎれもない我《われ》の顔《かお》だ
ピー ピー
一体《いったい》 あの夢《ゆめ》は 何《なん》なのだ…!?
隊長《たいちょう》 お休《やす》みの処《ところ》 申《もう》し訳《わけ》ありません 叛乱軍《はんらんぐん》の動《うご》きを 警戒《けいかい》していました所《ところ》 怪《あや》しげな貨物船《かもつせん》を キャッチいたしました
——しかし お加減《かげん》がよろしく ないのでしたら 我々《われわれ》だけで偵察《ていさつ》に 参《まい》りますが…
——余計《よけい》な 心配《しんぱい》はしなくて よい
我《われ》も出《で》る

しかし…
うるさい 我《われ》は平静《へいせい》だ!!
——何《なに》 今日《きょう》は出《で》るってか隊長殿《たいちょうどの》は
ーったく病《や》み上《あ》がりが! おとなしくしてろっていうんだよ
俺《おれ》は知《し》ってるぜ 本当《ほんとう》はまだ あの時《とき》から記憶《きおく》が全《まった》く戻《もど》っちゃいねぇんだ 隊長《たいちょう》はよ
あの 天地《てんち》が衝突《しょうとつ》した大災害《だいさいがい》の事故《じこ》の時《とき》からか? 被害調査《ひがいちょうさ》に行《い》って崖《がけ》から落《お》ちたんだよな
実際《じっさい》よく助《たす》かったとは思《おも》ったぜ 地殻《ちかく》のバラバラになった窖《アナグラ》の大地《だいち》はそりゃすげぇ有様《ありさま》で重力《じゅうりょく》もメチャクチャだったんだ
何《なん》100mもの崖《がけ》の下《した》からあの人《ひと》が生《い》きて発見《はっけん》された時《とき》は驚《おどろ》いたもんな
…

でも その時《とき》のショックで 全《すべ》ての記憶《きおく》を失《うしな》って しまった…
病院《びょういん》にいりゃあ いいのに ああやって 隊長風《たいちょうかぜ》ふかせに 戻《もど》って来《く》る所《ところ》は 相変《あいか》わらずだぜ
何《なん》だか 焦《あせ》って何《なに》かを 探《さが》してるみたいな 風《ふう》なんだよな… 何《なん》か知《し》んねー けど
ビー ビー
おっ おいでなすったぜ
叛乱軍《はんらんぐん》狩《が》りに 出《で》るぞ!!
我《われ》に続《つづ》け!
希望《きぼう》の底《そこ》の…
奈落《ならく》…
えーん・ えーん えーん・・

サンダルフォンは
こうして ときどき
ぼくにいじわるをする
ぼくをここへ
とじこめてるあいだは
あいつがぼくのからだで
わるさをしているとき
なんだ
ここはとっても
くらくてさびしくて
セヴィーもだれも
たすけてくれないんだ
…そうだ ジブリールは
どうしてるんだろう
むかしのジブリールは
ぼくにやさしくして
くれたのに
そうだ
ジブリールにあいに
いこう!!
…でも
どうすれば
…
そうだ いっしょう
けんめいジブリールの
ことをかんがえよう
ジブリールのことを
おもいだすんだ!
…そうすれば
!
ほら!!
みつかった!!!

ジブリールゥ!!

天使禁猟区
ANGEL SANCTUARY
STAFF
原作:由貴香織里(白泉社「花とゆめ」)
シリーズ構成:関島眞頼
キャラクターデザイン・総作画監督:島村秀一
監督:佐山聖子
制作:ハルフィルムメーカー
製作:バンダイビジュアル
CAST
無道刹那:野島健児
無道紗羅:川澄綾子
吉良朔夜:子安武人
©由貴香織里/白泉社・「天使禁猟区」製作委員会

大人気のコミックが遂に
オリジナルアニメーションで登場！
天使禁猟区
ANGEL SANCTUARY
第1巻 3月25日発売!!
VIDEO・DVD（全3巻）
各:30分（予）／¥5,800（税抜）
発売・販売:バンダイビジュアル（株）
EMOTION
感動、冒険!
illustrated by Kaori Yuki

ジブリール…
ジブリール…！
ジブリールはもう眠《ねむ》っちゃったのよ…？
ぼく…
…どこから来《き》たの？
君《きみ》…

…だれ？
え？
名前《なまえ》は サラ…だよ ムドウサラ
サラ？
ねぇサラ いつになったら ジブリールは おきるの？
さあ…いつに なるのかな…？
私《わたし》の魂《たましい》が彼女《かのじょ》の 体《からだ》から抜《ぬ》けた すぐ 直後《ちょくご》に 切《き》ったはずの 髪《かみ》も元《もと》に戻《もど》ったし
…力《ちから》も甦《よみがえ》って 裁判《さいばん》の為《ため》に付《つ》けられた 拘束具《こうそくぐ》も砕《くだ》け散《ち》って
結局《けっきょく》 私《わたし》の入《はい》ってる間《あいだ》の ジブリールはやっぱり ジブリールではなかった…
やっぱり私《わたし》の魂《たましい》は 無道紗羅《むどうさら》って 事《こと》なのね…
…サラ…
よくわかんないけど それじゃあやっぱりぼく ひとりぼっちなんだ
かみさまも ちっとも ぼくのねがいを きいてくれないよ
だれも ぼくのそばには いてくれないんだ

神様《かみさま》…？
そうだね…
！
あれは…あの子供《こども》は!!
私《わたし》も…願《ねが》ったりしたよ
昔《むかし》…そう小《ちい》さい頃《ころ》…
「なんで？」なんでダメなの!?」
私《わたし》がお兄《にい》ちゃんとは結婚《けっこん》できないって知《し》った夜《よる》…
ああ神様《かみさま》…お願《ねが》いです
泣《な》きながら神様《かみさま》にお祈《いの》りしたわ
「私《わたし》の声《こえ》が聞《き》こえたら一《ひと》つだけ願《ねが》いを叶《かな》えて下《くだ》さい」

でも お願《ねが》い事《ごと》は ただ待《ま》ってるだけじゃ ダメだって事《こと》に気付《きづ》いて
その為《ため》なら どんな事《こと》だって 我慢《がまん》するから
どうか このただ 一《ひと》つだけの願《ねが》いを 叶《かな》えて下《くだ》さい
私《わたし》は——必死《ひっし》に 今《いま》も跪《もが》いてる
どうか どうか——
そしてそれはまだ 続《つづ》いてるの——
自分《じぶん》で願《ねが》いを 叶《かな》えるために …
いつになるか それはまだ 誰《だれ》にも わからないけど…
…
…救世使《きゅうせいし》…‼

ねぇジブリールが
大事《だいじ》なのはよく
わかったけど
本当《ほんとう》に 貴方《あなた》は
いつも一人《ひとり》ぼっち？
……
よく考《かんが》えてごらんよ
いつも君《きみ》を
心配《しんぱい》している人《ひと》が
他《ほか》にもいないか…
…だって…
いつもぼくを
しかるよ
いつもいそがし
そうで…でも…
いつも
てぶくろして
たけど…
ぼくがないて
ねむれないときは
…ずっと…てを
にぎっててくれる…
ほんとうにいつもいつも
いそがしいのに
…ぼくがよぶといつも
かけつけてくれて…
ぼくがねむるまで
あたまをなでてて
くれる…
ぼくは…あのての
あったかさをかんじると
…
とてもあんしんして
ねむっちゃうんだ…

…ぼくは あのてが… あったかさが… すき…
だいすき なんだ…
…ほら
一人《ひとり》じゃ ないじゃん君《きみ》!
…じゃあ その人《ひと》の所《ところ》へ 帰《かえ》ったげなさい きっと心配《しんぱい》 しているよ
そして その人《ひと》に君《きみ》の 本当《ほんとう》の気持《きも》ちを伝《つた》えるの
ずっと僕《ぼく》を抱《だ》いてて ほしいって 寂《さび》しいんだって… 言《い》わなきゃ何《なに》も 伝《つた》わらないよ
…ね?
…うん

え…
ジブリールと…セヴィーのつぎに…
すきだよ「サラ」が
!

消《き》…消《き》えた!?
ちょっと待《ま》っ…
あれこそがセヴィーの最高《さいこう》の切《き》り札《ふだ》現《げん》大熾天使長《ザ・グレートセラフィム》メタトロンだ
ジブリールを慕《した》って精神体《せいしんたい》となり迷《まよ》い込《こ》んで来たらしい
ラフィー君《くん》…!
あ…あの子《こ》が!?
あの子《こ》…今《いま》「セヴィー」って…!!
あの子《こ》が…この天界《てんかい》の王者《おうじゃ》…
大熾天使長《ザ・グレートセラフィム》メタトロン…!!うそぉ…
……
不安《ふあん》だから
弱《よわ》き者《もの》は別《べつ》の何《なに》かに縋《すが》ろうとする
俺《おれ》が…一《ひと》つだけ願《ねが》う事《こと》があるとすれば

たった一《ひと》つ
だけを
願《ねが》ってる――
それは――…
ふん
ばかげてる――
この俺《おれ》が…
重症《じゅうしょう》だな
このまま一気《いっき》に
貨物船《かもつせん》に偽装《ぎそう》したまま
セヴォフタルタの城《しろ》へ
向《む》かいます
ゴゴゴ
ゴゴゴ

てんぱってんのもここまでにして.
内容のお話を…ラファエル人気
上がってまっせ。「ラファエル、サラは
刹那の物よ!!キーッ」とゆー人も
多いですけど。あ、でもラファエル
好きな人も「サラは嫁かも」な
人が…バーゼエル好きな人も
割と増えてたヨ。ヒロイン
難しいなあ描き方。でも
ラファエルは飄々としてなきゃ
いけないと思ってたけど紗羅
とのシーンではやはり笑顔も
必要で…。でもラファエルは
今までミカちゃんに関してし
か笑い顔を見せてなかった
もんでちょっと迷った。壁を作る
タイプなんで心を開くのに
時間かかるタイプなのだね。
‥とカリスマ美容師(無免許)級
で、手術のライセンスがゼロで
運だけで生きてきた運命の人が
自称冒険家で現在シャワーを
あびている人生の絶頂期が
83歳の由貴香織里「マンガ
家」(自称!?)は思うわけだ。
もうコレは古いのか!?
ネタとして‥

結局《けっきょく》 ミカエル様《さま》は帰《かえ》ってしまわれましたね…
俺《おれ》は負《ま》け戦《いくさ》はしない主義《しゅぎ》だ こんな程度《ていど》の戦力《せんりょく》で天界最大《てんかいさいだい》の難所《なんしょ》を落《お》とそうって奴《やつ》らと心中《しんじゅう》できっかよ
じゃーな
まぁ… あいつらしいっちゃあいつらしいや…
大変《たいへん》です! 統主《リーダー》!!
空軍《くうぐん》の警邏隊《けいらたい》に発見《はっけん》され偵察官《ていさつかん》がこのメルカバに強制乗船《きょうせいじょうせん》して来《き》ます!!

空中《くうちゅう》警邏《けいら》隊《たい》が乗《の》り込《こ》んで来《き》ます!!
ウリエル様《さま》はお隠《かく》れになって下《くだ》さい!
これで乗員《じょういん》は全部《ぜんぶ》か──
許可証《きょかしょう》は本物《ほんもの》だな
だが本部《ほんぶ》から貨物《かもつ》調達《ちょうたつ》の要請《ようせい》は出《で》ていないぞ
裁判中《さいばんちゅう》に緊急《きんきゅう》の回線《かいせん》で受《う》けましたのでデータミスでは…
船員《せんいん》全員《ぜんいん》の身分証《みぶんしょう》も疑《うたが》いの余地《よち》はなし…か
荷物《にもつ》も特《とく》に怪《あや》しい物《もの》はない
何《なに》も問題《もんだい》はない様《よう》だな…
では
待《ま》て!!

そこのガキに見覚《みおぼ》えがある
お前《まえ》 顔《かお》をよく見《み》せてみろ
!
救世使《きゅうせいし》…!!
ふ…ん…
やはり見《み》た事《こと》が…!
この顔《かお》… この目《め》…!!
この目《め》は…!?
!

お疑《うたが》いなら これを念《ねん》のため指名手配《しめいてはい》リストと照合《しょうごう》しましょう 隊長《たいちょう》
…うむ…
ドクン
ドクン
何《なん》だ? さっきからこの既視感《きしかん》は…!?
こいつを見《み》ていると何《なに》か…何《なに》か思《おも》い出《だ》せそうで思《おも》い出《だ》せない…!
まずい!!
どうするラジエル!? このままじゃ俺《おれ》の正体《しょうたい》が割《わ》れるのは必至《ひっし》…!!
しかし…この態勢《たいせい》でこれだけの数《かず》を相手《あいて》にするのは危険《きけん》だ!!
カチャ
カチャ
カチャ
動《うご》く…か!?
ピ

隊長《たいちょう》!!
この少年《しょうねん》に該当《がいとう》する
天使《てんし》はデータの中《なか》には
ありません!
この者《もの》は
堕天使《だてんし》アレクシエルの
転生体特《てんせいたいとく》Aの賞金首《しょうきんくび》
救世使無道刹那《きゅうせいしむどうせつな》!!
やったぞ
大手柄《おおてがら》です
隊長《たいちょう》!!
!
まさかそんな
大物《おおもの》がっ…

ザ
ドッ

ウリエルっ…!?
ガチャ!
ガチャ
ガチャ
待《ま》て!! 撃《う》つな! そいつはっ…

この…
この刀《かたな》は…
まさか…!!
不知火《しらぬい》…!?
体力《たいりょく》を消耗《しょうもう》した
この体《からだ》で…よく
辿《たど》り着《つ》けたな
教《おし》え子《ご》よ
自分《じぶん》の本当《ほんとう》の
顔《かお》は思《おも》い出《だ》したか
？

パラ…
…思《おも》い出《だ》した…
…あれは…顔《かお》を…全《すべ》てを忘《わす》れた俺《おれ》の前《まえ》に現《あらわ》れた瀕死《ひんし》の男《おとこ》を模《も》した姿《すがた》で…
本当《ほんとう》の俺《おれ》の姿《すがた》じゃない…あの男《おとこ》はあの後《あと》すぐ死《し》んだんだ…
俺《おれ》はあの男《おとこ》の姿《すがた》をしたまま…吉良《きら》の残《のこ》した刀《かたな》を持《も》って歩《ある》いて…そして天使達《てんしたち》に発見《はっけん》されたんだった…!
…加《か》…

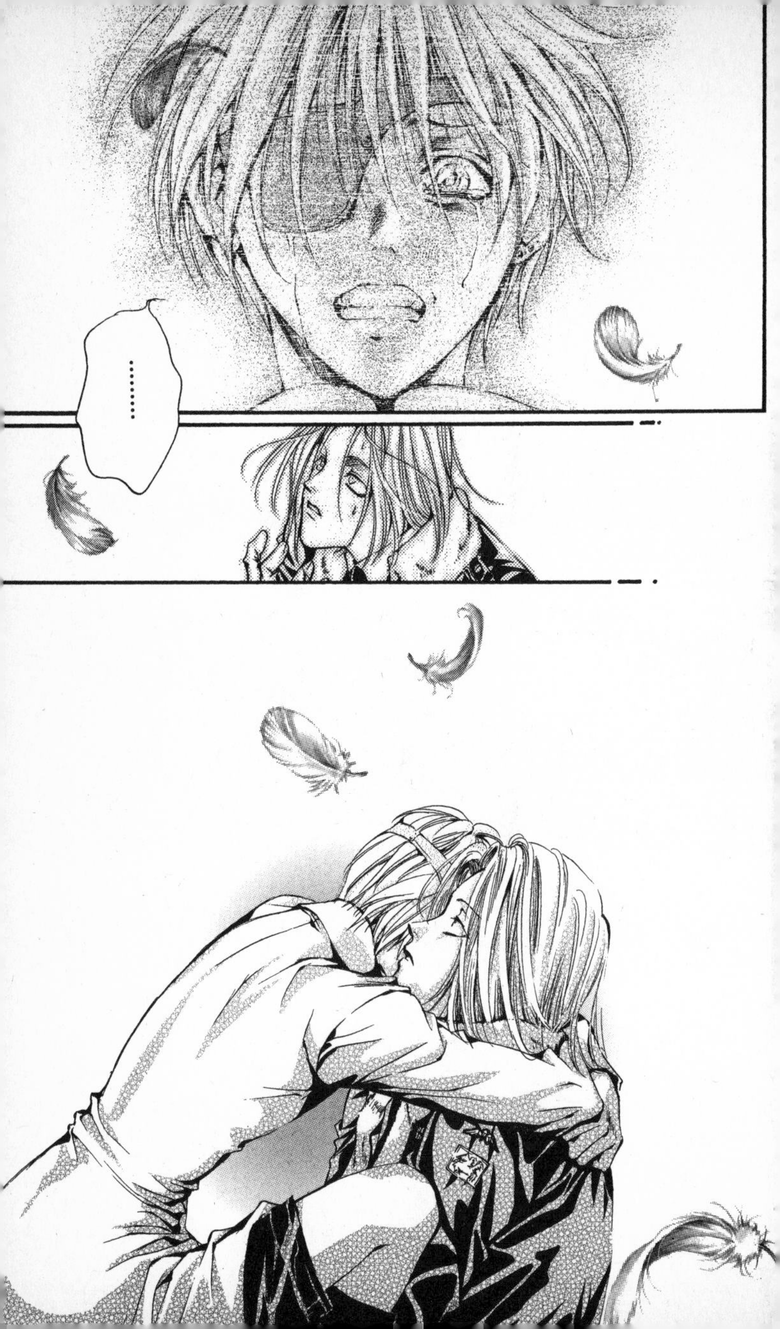

セヴィー…
セヴィー…どこ？
ぼく もどってきたよ…
サンダルフォンももういなくなってる…
ねぇ どこ？
セヴィー…？

罪深《つみぶか》い輩《やから》の中《なか》にたった一人《ひとり》
清《きよ》い羊《ひつじ》がいたら
そいつこそが異端《いたん》なんだ
僕達《ぼくたち》には「死《し》」という安《やす》らぎも終《お》わりもない
この世《よ》の果《は》てまで再生《さいせい》を繰《く》り返《かえ》す
かかっているのは魔法《まほう》ではなく不死《ふし》という名《な》の呪《のろ》いだから
君《きみ》は何《なに》も感《かん》じないだろうけどね
君《きみ》はいつだってそう
君《きみ》の心《こころ》を変《か》えられる者《もの》なんていなかった

僕《ぼく》らのこの残酷《ざんこく》なる無限《ひげん》の時《とき》を狂《くる》わさずして費《ついや》す事《こと》が出来《でき》る者《もの》がいるだろうか
それとも僕《ぼく》だけが正常《まとも》で他《ほか》の者達《ものたち》が狂気《きょうき》なのではあるまいか？
ねえ実験《ため》してみよう

君《きみ》はこの世《よ》を滅《ほろ》ぼす化物《モンスター》として生《せい》を受《う》けたのだから―
天《てん》使《し》禁《きん》猟《りょう》区
Angel Sanctuary

セヴィー…？
くらくてみえないよ…
そこにいるのセヴィーだよね
ぼくね
あのねっ
ちゃんと自分《じぶん》の気持《きも》ちを声《こえ》に出《だ》して伝《つた》えるの
そうしなきゃ何《なに》もわかってもらえないよ
セヴィーがすきっ！
セヴィーはぁっおこるしいっ いそがしいけどっ…
ぼく ぼくをみてくれるセヴィーのおめめや
さわってくれるてがすき…
ずっと ずっとだっこしててほしいよっ

そうすれば
きっと伝《つた》わるよ
ねぇ
セヴィー
…
くす
ピク
ライラ
漆黒《しっこく》だった
君《きみ》の髪《かみ》…
すっかり真《ま》っ白《しろ》
だね…

触《さわ》るなぁ!!!
触《さわ》るなぁ!! もうこれ以上《いじょう》…私《わたし》に…!!
私《わたし》に触《さわ》らないで!!!
セ…セヴォフタルタ様《さま》!?
来《く》るなぁ——っ!!
落《お》…落《お》ち着《つ》いて下《くだ》さいセヴォフタルタ様《さま》…!!
セヴィー… セヴィー…!!
早《はや》く!! メタトロン様《さま》をお部屋《へや》にお連《つ》れして!
は はい!

やっぱり ぼくがきらいなの!?
ぼくがわるいこ だからなの!? セヴィー!
セヴィー!!!
はあ はあ
すごい汗《あせ》…
はあ
この声《こえ》…!?
…それで
君《きみ》は何《なに》を得《え》た…?
君《きみ》は自分《じぶん》の理想《りそう》の世界《せかい》を創《つく》り上《あ》げるために鬼《おに》になったのだろう?
そのためならどんな犠牲《ぎせい》も厭《いと》わなかった

もう…自分《じぶん》を偽《いつわ》るのは止《や》めにするんだライラ
そんな思《おも》いまでして…
ザフィケル…!?
もう…君《きみ》にも私《わたし》にも隠《かく》す事《こと》は何《なに》もないはずだ
あの時《とき》 本当《ほんとう》に助《たす》けてほしかったのは…誰《だれ》なんだ?
あ…
ああ…
ザフィケル…!!

…ふふ
何《なに》が汚《けが》れなき白《しろ》い世界《せかい》？
両羽《りようはね》を奪《うば》い私《わたし》を生《い》きながらの腐《くさ》る野獣《やじゆう》に変《か》えた貴方《あなた》が――
今《いま》さら 私《わたし》になら自《みずか》ら足《あし》を広《ひろ》げて身《み》を投《な》げ出《だ》すというのか？

君《きみ》は今《いま》も昔《むかし》も――
ただの堕落《だらく》した弱《よわ》い女《おんな》でしかないんだよセヴォフタルタ
――さようならセヴォフタルタ

君《きみ》の創《つく》った神経質《しんけいしつ》な有刺鉄線《ゆうしてっせん》の天国《てんごく》は僕《ぼく》の目《め》にも美《うつく》しかった
でも安心《あんしん》して君《きみ》の願《ねが》いは半分《はんぶん》だけ叶《かな》えてあげる
僕《ぼく》の勝《か》ちだね
この世界《せかい》の全《すべ》てを真《ま》っ白《しろ》に変《か》えてあげるから——
楽《たの》しかったよ君《きみ》と遊《あそ》ぶの…

おう 体《からだ》くっついたのかよ カマエル
決《き》まってんだろ あんな戦争《せんそう》ごっこに つきあってられっかよ
今《いま》から帰《かえ》るぜ
だいたいあの戦力《せんりょく》で セヴィーの城《しろ》へ 攻《せ》め込《こ》もうなんて トーシロの考《かんが》え…
ミカエル様《さま》!?

どうされた？ミカエル様《さま》!!
ミカエル様《さま》!!?
まず ウリエル様《さま》と共《とも》に別働隊《べつどうたい》が主戦力《しゅせんりょく》とみせかけて正面攻撃《しょうめんこうげき》をして敵《てき》をひきつけ…
その間《あいだ》に手薄《てうす》になった城内《じょうない》に統主《リーダー》の船《ふね》が潜入《せんにゅう》します
救世使《きゅうせいし》にはこの隊《たい》に合流《ごうりゅう》していただきます
…ったく これだからお前《まえ》らには任《まか》せておけねーんだよなァ

じゃあ 何《なに》か いい案《あん》でも あんのかよ？
あくた
何様？
お前《まえ》は一《ひと》つ 大事《だいじ》な事《こと》を 忘《わす》れてるね
陽動《ようどう》ってのは アレじゃん？ 要《よう》するに優秀《ゆうしゅう》な 囮《おとり》が必要《ひつよう》なんだろが！
まぁ 見《み》てなって いいか？
どうよ？ 誰《だれ》に見《み》える？ このアホ顔《ヅラ》
今度《こんど》は俺《おれ》の カオに化《ば》けて 何《なに》しようってんだよ
だーかーらーあ！ こん中《なか》で救世使《きゅうせいし》の ダミーがやれるのは 俺《おれ》しかねーだろが

こうなっちゃうとみんなの感想はどんなかなーとは思ったけど．セヴィーに感情移入しすぎてすっげー私に怒ってる方もいましたね。それはもう怖いほどに。私だって自分のマンガの人物はみんな愛しいですよ。でもセヴィーに関しては．もうずーっと前から決まっている事だし…。ああ．そうそう！私のとゆーか編集部あてに．「天禁」のキャラに自分を声優として使ってほしい等のテープとかお願いは勘弁して下さいな☆もうプロジェクトになっちゃってるから作者の一存でどーこー出来る事ではないのですよ。でも「声優になるのが夢でいつか由貴先生の作品に出たいです」というのは嬉しいカンジですけどね。そう．CDとは声のキャストちょっとは変わりますよ。それは．様々な事情で。あらためて自分一人の事ではなくいろんな人々の手によって完成する大きな仕事なんだな．アニメって…。うん。

九雷《クライ》ちゃんと お付《つ》きの女《おんな》の子《こ》なら あの時《とき》 はぐれちまって それっきりだ
…やっぱりか…
九雷《クライ》…!!
大岩《おおいわ》が雨《あめ》みてぇに 降《ふ》る中《なか》 こいつでそれを 防《ふせ》いでいたが… ムダだったぜ
こいつは…
あの野郎《やろう》が俺《おれ》に 置《お》いていった…
あいつ…まるで こうなる事《こと》を わかってたみてぇに…
まるで 自分《じぶん》の形身《かたみ》 みてぇに …!
俺《おれ》に 置《お》いていき やがった…!!
「後《あと》を頼《たの》む」とでも いうのかよ… ふざけやがって…!
吉良《きら》の奴《やつ》 ——!!
冗談《じょうだん》じゃねえ …!!
俺《おれ》はこの目《め》で 見《み》てもまだ 信《しん》じちゃいねえって いうのによ…!!!

あいつが今《いま》にも
口元《くちもと》で笑《わら》いながら…
憎《にく》まれ口《ぐち》きいて
現《あらわ》れるようで…
じゃあな!!
ヘマして
足《あし》引《ひ》っぱんじゃ
ねーぞ!
俺《おれ》もだ…
まだ…
心《こころ》のどっかで
痛《いた》い程《ほど》願《ねが》ってる
…!!

目標物《もくひょうぶつ》を確認《かくにん》しましたが…
あ…あれは!!
なっ…
救世使《きゅうせいし》とっ…四大天使《よんだいてんし》ウリエル――!?
戦力《せんりょく》がダミー隊《たい》に集中《しゅうちゅう》しはじめました!
よし! 今《いま》だ 突入《とつにゅう》!!

警備《けいび》の手薄《てうす》になった南側《みなみがわ》付近《ふきん》を叩《たた》くんだ!!
貨物船《かもつせん》にカモフラージュしたメルカバが真《ま》っ直《す》ぐ向《む》かって来《き》ます!
目標《もくひょう》…!!
異常接近《いじょうせっきん》…500…400…300…
「白《しろ》の館《やかた》」に突《つ》っ込《こ》んで来《き》まっ…

「白《しろ》の館《やかた》」内《ない》にテロリスト侵入《しんにゅう》
みつけ次第《しだい》全員《ぜんいん》射殺《しゃさつ》せよ
繰《く》り返《かえ》す
よし!! 城内《じょうない》へ侵入《しんにゅう》するぞ!
城内《じょうない》はいたる所《ところ》に厳重《げんじゅう》なセキュリティシステムを設置《せっち》していて
警備員《けいびいん》とは名《な》ばかりの戦闘《せんとう》のプロが何百人《なんびゃくにん》も配置《はいち》されており
何《なん》としてもセヴォフタルタを拘束《こうそく》しメタトロンを保護《はご》するんだ!!

!
なっ…
なんだ!!?
七支刀《ナナツサヤ》が…
七支刀《ナナツサヤ》が共鳴《きょうめい》している…!?
なっ…何《なん》だ今《いま》の衝撃《しょうげき》は!?
とにかく行《い》くぞ!

こっ…
これは…!?

何《なに》が起《お》こっている…!?
七支刀《ナナツサヤ》が…騒《さわ》ぐ…!?
危険《きけん》を察知《さっち》しているのか…!!

何《なに》かが…いる
扉《とびら》がずっと開《あ》いている…!!
歌声《うたごえ》…?
向《む》こうだ…向《む》こうから人《ひと》の声《こえ》がする…!
救世使《きゅうせいし》!!罠《わな》かもしれません!
どちらにしても
この事態《じたい》の理由《わけ》を知《し》らずに
引《ひ》き返《かえ》すわけにも行《い》かねえだろう!?

セ…セヴォフタルタ…？
ま…まさか!! だって これは女《おんな》じゃ…
静《しず》かにして!!
私《わたし》の赤《あか》ちゃんが起《お》きてしまうじゃないの
この子《こ》は怒《おこ》ると とても怖《こわ》いのよ
うるさくすると 私《わたし》のお腹《なか》を喰《く》い破《やぶ》って出《で》て来《く》るかもしれないわ
今《いま》も見《み》ているのよ お腹《なか》の中《なか》から
…私《わたし》の事《こと》 みんなの事《こと》
真《ま》っ赤《か》なたくさんの目《め》で私《わたし》を見張《みは》っているわ…

間違《まちが》いない…
ライラ…
セッ…セヴォフタルタ
…我々《われわれ》「世界の魂《アニマ・ムンディ》」は
貴方《あなた》の身柄《みがら》を…
ラジエル！
やっぱりこの人《ひと》は
あのライラだったんだ
もういねーよ
天界《てんかい》を恐怖政治《きょうふせいじ》で
押《お》さえつけたあの
独裁者《アドルフ》はもういない
何処《どこ》にも…

そんなっ…!!
そんな事《こと》が
許《ゆる》されるものか!
今《いま》まで貴方《あなた》に
虐《しいた》げられてきた者達《ものたち》に
何《なん》と言《い》って…
ラジエル…!
あの霊気《れいき》…!!!
殺気《さっき》でさえない…ただ
凍《こお》りつく様《よう》な…感覚《かんかく》!!
背筋《せすじ》に冷《つめ》たい汗《あせ》が
流《なが》れる…!!!
何《なに》かが…何《なに》かの
悪意《あくい》の塊《かたまり》が…

さすがの七支刀《ナナツサヤ》も
彼《かれ》の前《まえ》では
恐《おそ》れをなして
いる様《よう》だね
ロシエル…!!!
感謝《かんしゃ》して
ほしいぐらいだよ
こいつの試運転《しうんてん》とはいえ
この城《しろ》を
一瞬《いっしゅん》で落《お》として
あげたんだから

それとも…今度《こんど》は君達《きみたち》が彼《かれ》と遊《あそ》んでくれる？
本当《ほんとう》の絶望《ぜつぼう》がどんな物《もの》なのか教《おし》えてあげようか

パンドラの開《あ》けた
匣《はこ》の底《そこ》の「希望《きぼう》」
匣《はこ》から飛《と》び出《だ》した 悪業《あくぎょう》の中《なか》で何故《なぜ》 「希望《きぼう》」のみがこびりつく 様《よう》に残《のこ》っていたのか
今《いま》から ゆっくり 教《おし》えてあげる
ロシエル――!!!

天《てん》使《し》禁《きん》猟《りょう》区《く》

Angel Sanctuary

てめぇがやったのか――? そこの化物《ばけもの》を使《つか》って――!!
セヴォフタルタを狂《くる》わせたのもお前《まえ》なんだな!?
お礼《れい》を言《い》う必要《ひつよう》はないよ
別《べつ》に君《きみ》らのためにやったわけじゃないから
あたり前《まえ》だ!!
貴様《きさま》の目的《もくてき》は一体《いったい》何《なん》だ!?
彼《かれ》が…
お腹《なか》をすかせていたからさ…

ホラ ごらんよ
また新《あたら》しいエサがやってきた
喰《く》い散《ち》らかしておやりよ…
!

妙《みょう》だな…やけに動《うご》きに統一性《とういっせい》が欠《か》けている…!
敵《てき》の命令系統《めいれいけいとう》が混乱《こんらん》しているのか…?
そーいや確《たし》かに拍子抜《ひょうしぬ》けするよーな攻撃《こうげき》だなァ
…中《なか》で
中《なか》で何《なに》かあったのか…?
本部《ほんぶ》!!「白《しろ》の館《やかた》」内《ない》はどうなっている!!
応答《おうとう》せよ本部《ほんぶ》!!
だめだ 城《しろ》の中《なか》との交信《こうしん》が途断《とだ》えた!!
このままでは叛乱軍《はんらんぐん》に押《お》されたままだぞ
あっ
隊長《たいちょう》!!
援軍《えんぐん》です!!
しかもこの機影《きえい》は…!

黒《くろ》の羽十字章《はねじゅうじしょう》…!!
敵《てき》の援軍《えんぐん》だ!!! 急《いそ》いで中《なか》の統主達《リーダーたち》に脱出《だっしゅつ》の知《し》らせを!!!
あれは…!
だめだ!! 何《なに》か強力《きょうりょく》な電磁波《でんじは》に阻《はば》まれて連絡《れんらく》が取《と》れない!
何《なに》!?
あの軍章《マーク》は天地大戦後《てんちたいせんご》に解散《かいさん》したはずの…
無機天使《むきてんし》ロシエルのＳＳ部隊《ぶたい》…… 武装親衛隊《ぶそうしんえいたい》だ!
彼《かれ》らのその絶対的《ぜったいてき》な主君《しゅくん》への忠誠心《ちゅうせいしん》は並《なみ》はずれた統率力《とうそつりょく》を誇《ほこ》り
無慈悲《むじひ》に冷徹《れいてつ》に任務《にんむ》を遂行《すいこう》するその非情《ひじょう》さで天界中《てんかいじゅう》に怖《おそ》れられた部隊《ぶたい》だ…!

加藤君…また出て来ました。忙しい奴。加藤が化けてた士官って、初めはもっとブサイクだった。今ぐらいにして良かったな。女の人にしようかとも思ったんだけどアザとすぎとゆーかムリすぎなのでやめた あと、ロシエルと一緒のあの黒い仮面(?)の男は、実は過去一回出て来てるんだけど先日、知人がそれを指摘してくれて大感激っすよ！そーだ地獄編のラストの方に回想でちょこっとだけ出て来てるんすよ！(伏線長すぎ)この16巻のラストも長い長ーーいワナ張ってたんですがね…長すぎましたね！忘れてるよみんな…一気に全巻読むしかないよーな…。そうあの鱗はピアスに種となって入り、そのピアスは流れ流れてある場所へ…あ、まだ見てない人は忘れてて考えんでくれ。今さらだが。この加藤…エラそう。なんか

なんだ…
これ全部あいつらがやったんじゃねーだろうな
なんだ
なんだよ!?
この死体《したい》の山《やま》…
無道達《むどうたち》に殺《や》られた
感《かん》じとは違《ちが》う!!
この空気《くうき》…
剣《けん》が共鳴《きょうめい》して
頭《あたま》が割《わ》れそうだぜ
知《し》ってるぞ
この感《かん》じは…
この感《かん》じ…!!
可哀相《かわいそう》に…まだ
その目《め》…治《なお》らないの?
アレクシエルの治癒力《ちゆりょく》が
あれば そんなのたち所《どころ》に
治《なお》してみせるよ

最《もっと》も…羽《はね》を片方《かたほう》奪《うば》われちゃ有機天使《ゆうきてんし》の威厳《いげん》も形《かた》なしだよねぇ
天使《てんし》の象徴《シンボル》でもある翼《つばさ》を取《と》られるなんて…何《なん》て屈辱《くつじょく》…
君達《きみたち》もたいした救世使《きゅうせいし》を掲《かか》げてるもんだね
貴様《きさま》ア!!
我《わ》が同胞《どうほう》にそれ以上《いじょう》の侮辱《ぶじょく》は許《ゆる》さん!
!
待《ま》て!!
ドッ
!
動《うご》くなっ…

うつ…!?

ザッ
シュ——ッ
シュ——ッ
なっ…!!

なんなんだこの化物《ばけもの》は…!!!
こ…こんなに無造作《むぞうさ》に人《ひと》を殺《ころ》しておいて…
何《なん》の意志《いし》の動《うご》きも感《かん》じられない…!!
う…うう…!!
まるで瞬《まばた》きか何《なに》かする様《よう》に…!!
…その背《せ》の高《たか》い男《おとこ》でいい…
う…うわっ!!
「座天使《トロウンズ》のST No.4…」

「神の戦車隊《トロウンズ》 第一師団所属《だいいちしだんしょぞく》 ID・091 87×× 叛乱組織《はんらんそしき》 〃世界の魂《アニマ・ムンディ》〃 実行部隊隊長《じっこうぶたいたいちょう》」
「天使名《てんしめい》ヴァシル」
彼《かれ》には天界《てんかい》すべての天使達《てんしたち》のデータを刷《す》り込《こ》ませてあるのさ
…成程《なるほど》 その男《おとこ》にしよう 叛乱軍《はんらんぐん》のリーダーの首《くび》がガキや女《おんな》じゃ迫力《はくりょく》がない やっぱりそれぐらい強面《こわもて》じゃないと
国民達《こくみんたち》にアピールしないとね
…!?
殺《ころ》せ

ぎゃっ…
ロシエルっ…!!
てめぇーーっ!!!
動《うご》くな
叛乱軍《はんらんぐん》!!

我《わ》が精鋭部隊《せいえいぶたい》
この者達《ものたち》を捕《とら》えよ
この城《しろ》の者《もの》を全滅《ぜんめつ》させ
宰相《さいしょう》セヴォフタルタを
発狂《はっきょう》させるに至《いた》らしめ
大熾天使長《ザ・グレートセラフィム》の暗殺《あんさつ》を企《くわだ》てた
救世使《きゅうせいし》「無道刹那《むどうせつな》」と
叛逆者《はんぎゃくしゃ》の集団《しゅうだん》
「世界の魂《アニマ・ムンディ》」を!!
嵌《は》められたっ…!!
ロシエルは…
初《はじ》めから俺達《おれたち》に全《すべ》て
罪《つみ》を着《き》せる気《き》で…!!

ロシエルっ…!!!
救《きゅう》…
救世使《きゅうせいし》!!

救《きゅう》世《せい》使《し》ィ!!

ふっ…
くっくっく…
ひっかかりやがったな…
救《きゅう》世《せい》使《し》…じゃない!!
加《か》藤《とう》!!

このヤローおもいっきし突《つ》き飛《と》ばしやがって!!
ふんっ…こーゆーのはなァ…
早《はや》いモン勝《が》ちなんだよっ…!!

ふっ…
――?
お前《まえ》のその体《からだ》は…
ズッ
創《つく》り物《もの》の藁人形《わらにんぎょう》だったな…
…だが

その不知火《しらぬい》では
主人《俺》の体《からだ》を傷《きず》つける
事《こと》は出来《でき》ない

吉《き》…良《ら》…？
ジャキ、

亡《もう》者《じゃ》は
死《し》霊《りょう》らしく土《つち》に還《かえ》れ

あーはははは
だから
あれ程《ほど》言《い》ったのに!!
パンドラ・ボックスを
開《あ》けてはいけないってね
ははははは!!
アレク!!

こっちだ!!
退《ひ》くぞ!
アレク!
「世界の魂《アニマ・ムンデイ》」よ!
セヴォフタルタ!!
くっ……!!
あはは…
あははははっ

違《ちが》う
あんな物《もの》を殺《ころ》したってザフィケル様《さま》は喜《よろこ》ばない——
——あの感《かん》じ…
あの船《メルカバ》は確《たし》かに「白《しろ》の館《やかた》」へ向《む》かっていた——
あの悪感《おかん》…
俺《おれ》は知《し》ってる
確《たし》かめなきゃならない
俺《おれ》はこの目《め》で——

ちくしょう 雑魚《ザコ》が邪魔《じゃま》すんじゃねーよ!!
あれだ!!「白《しろ》の館《やかた》」…
あの船《ふね》!!
誰《だれ》か居《い》るっ… 目標物《もくひょうぶつ》拡大《かくだい》…
嘘《うそ》だ…!!!

先輩……
それは封印されし最後の秘《ひ》密《みつ》――
人々《ひとびと》は まだ起《お》きぬ
未《み》来《らい》を夢《ゆめ》見《み》ると
その後《あと》に落《お》ちた絶《ぜつ》望《ぼう》が

吉良先輩《きらせんぱい》…!!!

先《せん》輩《ぱい》っ…!!
天《てん》使《し》禁《きん》猟《りょう》区《く》
Angel Sanctuary

ホント ばかだな 刹那《せつな》
嘘《うそ》だ…‼
これは夢《ゆめ》じゃ ないのか…？
ロシエルの手《て》で 殺《ころ》されたはずの 先輩《せんぱい》が…‼
ロシエルの 味方《みかた》となつて
俺《おれ》の目《め》の前《まえ》で 加藤《かとう》を切《き》りつける なんて――!!?
何故《なぜ》…!!?

一体《いったい》 どうなっているんだよ——!!!
間違《まちが》いないのか…? ミカちゃん…
この俺《おれ》があいつを見間違《みまちが》うわけねーだろ!!
…それはっ…
俺《おれ》を見上《みあ》げたあの冷《つめ》たい灰色《はいいろ》の目…!!確《たし》かに兄貴《あにき》だった!

吉良《きら》朔夜《さくや》として救世使《きゅうせいし》の側《そば》にいたあの男《おとこ》が…ロシエルに与《くみ》してルシファーとして復活《ふっかつ》したっていうんだな…!
そうだよ!! 何《なに》考《かんが》えてやがんだあの野郎《やろう》!!
ガタン
吉良《きら》…先輩《せんぱい》が…!?
紗羅《さら》!
おい!! 何《なん》だよこの女《おんな》…
一体《いったい》どういう事《こと》なの…!? あの先輩《せんぱい》が刹那《せつな》を裏切《うらぎ》るわけないよ

ロシエル…!! 酷《ひど》い…！
許《ゆる》せないよ また あいつのせいなのね…!?
サラ様《さま》！
いらっしゃいます？ 何《なん》だか大変《たいへん》な事《こと》が TV《テレビ》で 今《いま》ァ…！
リル？ どうしたの？
それが…
たった今《いま》 至高天《しこうてん》 全土《ぜんど》に向《む》って ロシエル様《さま》が重大《じゅうだい》発表《はっぴょう》 なさるって映像《えいぞう》が…

僕《ぼく》も見《み》ました…!! 確《たし》かにあれは亡《な》くなったはずの吉良《きら》さんです…！
でも…何故《なぜ》 ロシエルと…!?
甦《よみがえ》ったのは 不思議《ふしぎ》ではない 彼《かれ》が真実《しんじつ》ルシファーの 魂《たましい》を持《も》つ者《もの》なら
たとえ 肉体《にくたい》が滅《ほろ》び 去《さ》ろうとも魂《たましい》は 朽《く》ちる事《こと》はない
定《さだ》められた符合《ふごう》が 合《あ》えば再生《さいせい》させる 事《こと》は可能《かのう》だ
我《われ》ら四大天使《よんだいてんし》や…ロシエルを 含《ふく》む御前天使達《ごぜんてんしたち》の魂《たましい》は 不滅《ふめつ》に近《ちか》いんだ
ロシエルは何《なん》らかの方法《ほうほう》で その符合《ふごう》を手《て》に入《い》れ 意図的《いとてき》に彼《かれ》を再生《さいせい》させ…
恐《おそ》らくは自分《じぶん》の都合《つごう》の いい様《よう》に「ルシファー」を 創《つく》り出《だ》したのだろう
そう 例《たと》えば魔王《まおう》としての 力《ちから》はそのままに ただ 「人間《にんげん》」だった頃《ころ》の記憶《きおく》を 封《ふう》じていたとか…

そうか…!!
吉良朔夜《きらさくや》としての
記憶《きおく》を失《うしな》っているのなら
またそれを思《おも》い出《だ》させれば
先輩《せんぱい》はまた
元《もと》に…!
違《ちが》うな…!
シュン!
あいつ…何《なに》もかも
知《し》ってた…
記憶《きおく》を失《うしな》ってなんか
いない…!
加藤《かとう》!!
まだ動《うご》くんじゃない!!
組織神経《そしきしんけい》が完全《かんぜん》に
切断《せつだん》されているんだぞ
生身《なまみ》なら
とっくに…
あの時《とき》…!

はい。諒…とゆーかもうルシファーです。もう体は新品なのであの丘のアザは胸に残ってません。コスプレの人、注意。←なんてね。でもこの前、ルシファーコスしたいとゆー人に直で会うキカイがあって、奴の服の構造を聞かれましたが私、よくわからんかったです。描く度に少しずつ変わってるし…。でもエナメルっぽいよな。(と高価だよな作るのは…) でもこの間ネットでこのコスしてるねーちゃん見ました。兄ちゃんもがんばってほしい。ルシファーヴァージョンのコスチュームのイメージは「シザーハンズっぽいセフィ○ス」の「MAD SKYテイスト」「露出しないワイルド」とゆうめちゃくちゃなモンだった。でも諒って人気あるなぁ。こんなんなっても。あ、そろそろお時間のよーでありますね。お手紙はすべて読んでますよ。そして私も味方がいるからやっていけてるよ。いろいろあるけどがんばろーね。ではまたね♡

この本の感想下さいね。

ああそうか
お前《まえ》は藁人形《わらにんぎょう》だったな…
死霊《しりょう》は死霊《しりょう》らしく
土《つち》に還《かえ》れ
あいつ… 笑《わら》いながらこう言《い》ったんだ…!!
記憶《きおく》を失《うしな》ってなんかいねぇ…全部《ぜんぶ》わかってて本気《ほんき》で俺《おれ》を殺《ころ》そうと…!!
──少《すこ》しも笑《わら》っていない
あの冷《つめ》たい無機質《むきしつ》な灰色《はいいろ》の瞳《ひとみ》──
あいつ…!!

俺達《おれたち》だと知《し》ってて
やったんだ…!!
記憶《きおく》を失《うしな》ってなんか
いない———!!!
!
なっ…
なんだ!?
スクリーンが
一斉《いっせい》に…!
天界中《てんかいじゅう》の回線《かいせん》と言《い》う
回線《かいせん》が強制的《きょうせいてき》に
天界放送《てんかいほうそう》を流《なが》して
います!!
至高天《しこうてん》全土《ぜんど》に
映像《えいぞう》がっ…

セヴォフタルタ亡《な》き今《いま》無機天使《むきてんし》ロシエルが最高司令《さいこうしれい》として就任《しゅうにん》すると…!!
誇《ほこ》り高《たか》き我《わ》が同胞《どうほう》よ このアダム・カダモンの血《ち》を引《ひ》きし最高天使《さいこうてんし》であるこの私《わたし》が真実《しんじつ》を告《つ》げようと思《おも》う
心《こころ》して聞《き》くがよい
まず先《さき》の天界裁判《てんかいさいばん》であきらかとなった事件《じけん》…宰相《さいしょう》セヴォフタルタは本物《ほんもの》のセヴォフタルタの戸籍《こせき》を盗《ぬす》んだニセモノであり
かつて ライラと呼《よ》ばれた堕天使《だてんし》であった事《こと》が判明《はんめい》した
ロシエル…!!!

私《わたし》はセヴォフタルタの宰相降任《さいしょうこうにん》を宣告《せんこく》に「白《しろ》の館《やかた》」へ向《むか》ったがすでにそこは叛乱組織《はんらんそしき》「世界の魂《アニマ・ムンディ》」によって侵略《しんりゃく》されていた…
「世界の魂《アニマ・ムンディ》」は無差別《むさべつ》に殺戮《さつりく》を行《おこ》ない　その惨状《さんじょう》は目《め》を覆《おお》う有様《ありさま》…！
彼《かれ》らの目的《もくてき》であったセヴォフタルタは彼《かれ》らによって拷問《ごうもん》に合《あ》い…精神《せいしん》に異常《いじょう》をきたしていたのです
なっ…!!
なんだって!?
私《わたし》は直《ただ》ちに精鋭部隊《せいえいぶたい》を召集《しょうしゅう》し　見事《みごと》「世界の魂《アニマ・ムンディ》」よりメタトロンを奪回《だっかい》し　セヴォフタルタを保護《ほご》　テロリスト共《ども》を制圧《せいあつ》した
ロシエル…!!
貴様《きさま》ア…！
あれが…我々《われわれ》の仕業《しわざ》だと!?
しかし　逮捕者《たいほしゃ》の中《なか》に四大天使《よんだいてんし》と救世使《きゅうせいし》の名《な》がない様《よう》ですが
彼《かれ》らを取《と》り逃《に》がして「世界の魂《アニマ・ムンディ》」を制圧《せいあつ》したと言《い》えるのですか!?

無論《むろん》…
この男《おとこ》が証拠《しょうこ》だ!!
…あれは…同士《どうし》ヴァシル!?
あの時《とき》…ルシファーに殺《ころ》されたんじゃ…
私《わたし》は…「世界の魂《アニマ・ムンディ》」の現在《げんざい》の統主《リーダー》だ…!!
前統主座天使長《ぜんリーダーグレートトロウンズ》ザフィケルの遺志《いし》を継《つ》ぎ この世《よ》の浄化《じょうか》の為《ため》…天界《てんかい》を手中《しゅちゅう》にせんがために戦《たたか》ってきた…!!

天界《てんかい》は我《わ》が組織《そしき》の物《もの》だっ…！お前《まえ》の様《よう》な古《ふる》き血《ち》の使《つか》いなど目障《めざわ》りなだけ…!!
死《し》ねっ…！

先輩《せんぱい》っ…!?
あの男《おとこ》はっ…!!
シュウ…
シュウ
万歳《ばんざい》…!!
ロシエル様《さま》にさらなる栄光《えいこう》を…!!
これからも邪悪《じゃあく》なる者《もの》から天界《てんかい》をお守《まも》り下《くだ》さいます様《よう》に…!!
ロシエル様《さま》…

約束《やくそく》しよう
私《わたし》の愛《いと》しい者達《ものたち》よ
ねえ見《み》てる――？
もっと…もっとよく僕《ぼく》を見《み》てよ
何度《なんど》 災厄《さいやく》がこの世《よ》に降《ふ》り注《そそ》ぎ神《かみ》が我《われ》らを試《ため》そうとも
私《わたし》は天上《てんじょう》の道標《みちしるべ》となり我《われ》らの楽園《らくえん》の栄華《えいが》のために悪《あ》しき魂《たましい》を屠《ほふ》っていこう
僕《ぼく》だけを強《つよ》く強《つよ》く見《み》つめていてよ…刹那《せつな》…

アレクシエル…!!
ロシエル様《さま》っ…
新王《しんおう》ロシエル様《さま》──っ
ロシエル様《さま》に栄光《えいこう》あれ──!!
死人《しにん》さえも操《あやつ》るのか…!? ロシエルはっ…!! まんまと俺《おれ》らを悪者《わるもの》に仕立《した》てやがって…!
何故《なぜ》だ…!? 僕《ぼく》がいながら何故《なぜ》ヴァシルを統主《リーダー》だと偽《いつわ》らせて…
君《きみ》では説得力《せっとくりょく》に欠《か》ける
彼《かれ》は画面映《がめんば》えするいかにも悪人《あくにん》の様《よう》な屈強《くっきょう》な男《おとこ》を必要《ひつよう》とした「世界の魂《アニマ・ムンディ》」を悪《あく》の組織《そしき》と皆《みな》にアピールするため…
ひいては自分《じぶん》を天界《てんかい》を救《すく》った英雄《えいゆう》にするために…
おそらくはロシエルはセヴォフタルタにとどめを刺《さ》す好機《こうき》を政権《せいけん》を手《て》に入《い》れるこの瞬間《しゅんかん》を虎視眈眈《こしたんたん》と狙《ねら》っていたんだよ
ずっと…!

許《ゆる》さない…
ザフィケル様《さま》の…
死《し》んでいった同志達《どうしたち》の
理想《りそう》をこんな風《ふう》に
踏躙《ふみにじ》るなんて…!!
…!
絶対《ぜったい》に許《ゆる》せない
ロシエル!!!
あれは…
やっぱり先輩《せんぱい》
だつた…!!
ロシエルはわざと
俺《おれ》に見《み》せていたんだ
…!!
ロシエル様《さま》…
少《すこ》しお休《やす》みに
なられた方《ほう》が
よろしいのでは?
この所《ところ》 少《すこ》し
お痩《や》せになった
様《よう》ですし…
言《い》いたい事《こと》は
はっきり言《い》ったら
どうだカタン
…あの男《ルシファー》をお近《ちか》くに
置《お》くのは心配《しんぱい》です
いつ暴走《ぼうそう》し始《はじ》めるか
わかりませんし…
あの光景《こうけい》を
笑《わら》いながら
俺《おれ》に…!!!

あの男《おとこ》は…創世神《そうせいしん》に成代《なりかわ》ろうと主君《しゅくん》にまで刃《やいば》を向《む》けた男《おとこ》
魔王《まおう》に魅《み》せられし者《もの》は自《みずか》らの暗黒面《ダークサイド》に落《お》ち その深淵《しんえん》に引《ひ》き摺《ず》られると言《い》いますが
彼《かれ》の瞳《ひとみ》は
…その深淵《しんえん》そのものです

ふん それこそ 余計《よけい》な心配《しんぱい》だよ カタン
ホラ
お行《い》き お休《やす》みの 時間《じかん》だろ？
それに
この血《ち》水晶《ずいしょう》が 僕《ぼく》の手《て》にある限《かぎ》り 彼《かれ》の魂《なましい》は主《あるじ》に 従《したが》うしかない 僕《ぼく》の奴隷《どれい》さ

剣《けん》だった間《あいだ》 彼《かれ》が
アレクシエルの
虜《とりこ》だったようにね
あっはははは
しかし…相手《あいて》はかつての
天地大戦《てんちたいせん》の引《ひ》き金《がね》となつた
大魔王《ディーモンロード》
彼《かれ》の手綱《たづな》を握《にぎ》るのは
核弾頭《かくだんとう》を扱《あつか》う様《よう》な
命取《いのちと》りにもなる
危険《きけん》な賭《か》けでは
ないのだろうか…!?
先輩《せんぱい》…!!
あの時《とき》 砕《くだ》け散《ち》つた
たつた一辺《いっぺん》の破片《はへん》…
一体《いったい》…一体《いったい》
どうなつてやがる
…!!
……

…加藤《かとう》？
さすがのあいつも落《お》ち込《こ》んでるのか…？
加《か》…
そりゃそうだな…
…そっ…
あのクソ野郎《やろう》っ…!!
…俺《おれ》は…

ロシエル…お前《まえ》を許《ゆる》す事《こと》は出来《でき》ない
必《かなら》ず先輩《せんぱい》を正気《しょうき》に戻《もど》し…
お前《まえ》をぶっ殺《ころ》してやる――!!!
彼《かれ》…彼女《かのじょ》の様子《ようす》は？
はい…大分《だいぶ》平静《へいせい》さを取戻《とりもど》し前《まえ》の様《よう》に頬《ほお》の烙印《らくいん》を掻《か》きむしる事《こと》もせず…
しかし…皮肉《ひにく》なものだ 彼女《かのじょ》もまさか かつて自分《じぶん》が幽閉《ゆうへい》したジブリール様《さま》と同《おな》じこの孤高離宮《ここうりきゅう》に入《はい》る運命《うんめい》とはね

窓《まど》は最上階《さいじょうかい》の唯一《ただひと》つのみで　力《ちから》を封《ふう》じられた塔《とう》の中《なか》では飛《と》んで逃《に》げる事《こと》も出来《でき》ない…
気《き》になる事《こと》と言《い》えばあのお腹《なか》の子だ…！
誰《だれ》の子《こ》なのかもわからないが…
とにかく異常《いじょう》に成長《せいちょう》が早《はや》い
あれが…かつて栄華《えいが》を極《きわ》めた宰相《さいしょう》セヴォフタルタの姿《すがた》だとは誰《だれ》が想像《そうぞう》し得《え》たろう…
唄《うた》？
唄《うた》が聴《き》こえる…
窓《まど》の外《そと》から
蔦《つた》が…蔦《つた》が歌《うた》ってる…
知《し》っているわこの声《こえ》は…

これは私《わたし》の声《こえ》…
まだ 私《わたし》が全《すべ》てを信《しん》じていた頃《ころ》の
私《わたし》の歌《うた》った…
そう
これは「哀しみの《キリエ・》賛美歌《レイソン》」
これは僕《ぼく》の記憶《きおく》の中《なか》の初《はじ》めての君《きみ》の歌声《うたごえ》…
礼拝堂《れいはいどう》で一人《ひとり》その木《こ》もれ陽《び》の中《なか》唄《うた》う君《きみ》の姿《すがた》に
僕《ぼく》は目《め》が離《はな》せなかった…
ライラ…

…私《わたし》 貴方《あなた》を愛《あい》した事《こと》なんてなかったわ
貴方《あなた》の私《わたし》を見《み》る目《め》はいつも一途《いちず》すぎて私《わたし》を脅《おび》えさせるだけだった
…わかってた…
僕《ぼく》は君《きみ》を守《まも》れなかったし座天使長《グレートトロウンズ》の様《よう》に危険《きけん》な魅力《みりょく》を持《も》っているでもない
君《きみ》が知《し》らないだけで…君《きみ》は本当《ほんとう》に禁欲的《きんよくてき》で美《うつく》しい天使《てんし》だったよ…今《いま》も昔《むかし》も…
無実《むじつ》の罪《つみ》で羽《はね》落《お》としとなり魂《たましい》は未練《みれん》がましく彷徨《さまよ》って廃竜《ニドヘッグ》という姿《すがた》を借《か》りようとも…君《きみ》に伝《つた》えたいばかりにやって来《き》た
あの男達《おとこたち》でさえ…それ故《ゆえ》に君《きみ》に激《はげ》しいいらだちを感《かん》じて行動《こうどう》してしまったんだ

ただそれだけを伝《つた》えたかった…
僕《ぼく》はこれ以上《いじょう》入《はい》れないし君《きみ》に触《ふ》れる事《こと》は叶《かな》わないから…
貴方《あなた》を死刑《羽落とし》にした私《わたし》に恨《うら》み事《ごと》を言《い》いに来《き》たのではなかつたの?
…何故《なぜ》入《はい》れないの?
…僕《ぼく》も君《きみ》を壊《こわ》した者《もの》の一人《ひとり》だから…
君《きみ》の中《なか》であの男達《おとこたち》と僕《ぼく》が同《おな》じ存在《そんざい》になってしまうのなら…もう…君《きみ》を壊《こわ》したくない…
僕《ぼく》にはもう…君《きみ》をさらって飛《と》べる翼《つばさ》もないし…

まつしろいせかいつてどんなとこなの？
ぼくもつれてつてくれるの？セヴィー

ああ
ここだったんだ
私《わたし》の探《さが》していた
ただ　羽根《はね》だけが舞《ま》い散《ち》る
白《しろ》い　白《しろ》い　真《ま》っ白《しろ》の世界《せかい》は…

羽根《はね》を真《ま》っ赤《か》に染《そ》めた
——白《しろ》い鳥《とり》が一羽《いちわ》
逃《に》げちゃった…

僕《ぼく》の胎児《からだ》ごと潰《つぶ》れちゃったけど…
まぁいいや代《か》わりの女《おんな》はいくらだっている
そう例《たと》えば
メタトロンのお気《き》に入《い》りジブリールは今《いま》眠《ねむ》っているから…
僕《ぼく》が体《からだ》に居《い》る間《あいだ》彼《かれ》が会《あ》ったあの子《こ》…
…そうだ
——「サラ」に
あの子《こ》に僕《ぼく》の体《からだ》を産《う》んでもらうから

天使禁猟区⑯／おわり

Belial
NEXT ACCESS
Angel

…TO BE CONTINUED

《収録作品メモ》
●天使禁猟区⑯　平成11年　花とゆめ11～16号掲載

花とゆめCOMICS

天使禁猟区⑯

2000年1月25日　第1刷発行

著　者　由貴香織里

発行人　甘利博正

発行所　株式会社　白泉社

〒101-0063
東京都千代田区神田淡路町2－2－2
電話・編集　03(3526)8025
販売　03(3526)8010
業務　03(3526)8020

印刷所　図書印刷株式会社

ISBN4-592-17666-9

Printed in Japan　HAKUSENSHA